教育发展的个体理性批判
——以制致序的逻辑

孙阳春 著

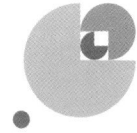

中国社会科学出版社

图书在版编目（CIP）数据

教育发展的个体理性批判：以制致序的逻辑/孙阳春著.
—北京：中国社会科学出版社，2020.5
ISBN 978-7-5203-5650-3

Ⅰ.①教⋯ Ⅱ.①孙⋯ Ⅲ.①教育工作 Ⅳ.①G4

中国版本图书馆 CIP 数据核字（2019）第 243204 号

出 版 人	赵剑英
责任编辑	张　林
特约编辑	宗彦辉
责任校对	韩海超
责任印制	戴　宽

出　　版	中国社会科学出版社
社　　址	北京鼓楼西大街甲 158 号
邮　　编	100720
网　　址	http://www.csspw.cn
发 行 部	010-84083685
门 市 部	010-84029450
经　　销	新华书店及其他书店
印　　刷	北京明恒达印务有限公司
装　　订	廊坊市广阳区广增装订厂
版　　次	2020 年 5 月第 1 版
印　　次	2020 年 5 月第 1 次印刷
开　　本	710×1000　1/16
印　　张	9.5
插　　页	2
字　　数	210 千字
定　　价	56.00 元

凡购买中国社会科学出版社图书，如有质量问题请与本社营销中心联系调换
电话：010-84083683
版权所有　侵权必究

前　　言

写作此书，是源于多年来笔者一直思考的一个问题，即"教育发展到底应该以什么为着力点"的问题。也就是说，依靠教育参与者的"个体道德自律"还是"制度公共理性"。面对这个问题，肯定会有人回答说，这是一个多么简单的问题，答案就是二者都需要。确实，二者都需要，缺一不可。但是，主要依靠什么，核心依靠什么，到底是"个体道德自律"还是"制度公共理性"？二者在教育发展过程中的主次位置到底如何？这是一个非常需要给出回答的问题，因为它关乎教育中解决若干问题时以何为"着力点"，把"劲儿往何处使"，"以何为努力方向"，等等，至关重要。

尤其是，当认识到教育发展过程中可能在某些关键问题上找错了"着力点""把劲儿使错了地方"的时候，付出了很多努力却收效不大的时候，更坚定了笔者写此书的想法。

如在教育管理过程中面临利益相关者的"利益冲突"的时候，依靠某一教育组织的"个体道德自律"，能否推进公共利益的有效增进？众所周知，管办评分离改革之后，政府作为委托人、第三方评估机构作为代理人实施评估，二者共同完成教育评估任务。然而，政府与第三方机构具有各自不同的利益诉求，当教育评估过程中存有某些"不同的、冲突的以及不相容"的利益时，第三方机构的"个体道德自律"能够保证第三方评估机构以"正当的方式"追求"自身利益"，且"不做出不利于其他方的道德风险行为"吗？第三方教育评估机构的"个体道德自律"能否克服自身的"机会主义本性"呢？

又如在教育培养人的过程中面临着众多的"对立性范畴"，并不是教师的道德自律、个体智慧所能把握的。我们知道，教育中提倡平等的交往与对话。那么，怎样才算是"平等的交往和对话"？什么情况下是"自由的沟通"，而不是"专制的权威"？什么情况下是"参与合作"，而不是"灌输接受"？在"如何让学生愉快地学习知识"方面也有同样的问题，教师如何能"不说教、不严厉"，让学生感受"愉快"的同时还能够"学到很多知识"呢？许多教师都发出了"不知何为"的感慨：如果"严格指出对错并有学习要求"，仿佛就妨碍了学生愉快体验的形成了；但是"不指出对错没有学习要求"呢，"知识学习"明明是需要在某些"约束"下才能成就的。这些例子充分说明这种对立关系之间的"边界"和"度"通过"教师个体智慧"很难把握。

上述的例子充分说明了教育发展过程中依靠某些教育主体的"个体理性"去把握一些"矛盾和冲突"是不可靠的，是很难把握的。而实际上，对个体理性的解读和理解能够更加确认这一观点。

理性是西方启蒙哲学的核心概念之一。"个体理性"主要是以康德为代表的哲学家们提出的思想。康德思想中的理性，实质是"个体理性"，集中表现为"道德自律"，即人们能够独立且由理性决定自己应该做什么事情，从而实现道德上的自由意志。后人对康德的"个体理性"思想进行反思性批判时提出，是否每一个体都有能力对面临的所有问题做出合理的思考与决策呢？尤其是当个体理性面临并非"私人领域"，而是"公共领域"问题时，由于个体的理性能力有所差异，道德心也不相同，是否能够处理诸如他人的权利、社会正义等问题呢？这是值得怀疑的。

因此，对教育发展过程中的"个体理性"批判，进入了本书的研究视野。而且，本书选择了更为重要的发展过程中以"个体智慧"和"心力"等为标志的"个体理性"作为研究对象，主要分析处理"社会性自我"与"个体性自我"的矛盾关系。因为"学生身心在'规约与张扬'间能否和谐发展"是教育改革与发展的最基本问题，是教育发展中"人与社会"基本矛盾的表现形式，是教育中处理"他我"与"自我"关系的集中体现。"教育发展的核心依靠路径是什么"是当前迫切需要回答的至关重要的问题。因为，我国当前的教育发展可以说已经陷入了某种困境：教育实施者在面临教育实践时不知道该如何把握"个体性与社会性"之间的"度"，好像"这样也不对，那样也不对"，不知道该怎么办。

教师什么情况下是与学生"自由地沟通"，而不是"专制的权威"？什么情况下是"参与合作"，而不是"灌输接受"？这种对立关系之间的"边界"和"度"依靠教师的"个体理性"很难把握。

教师什么时候"应该表扬"，什么时候"应该批评"；怎样表扬，如何批评，教师个体很难把握。从2009年教育部发文规定"教师是否可以批评学生"开始，一直到现在社会上经常曝光的小学生、中学生、大学生被老师"批评"后"轻生、自杀"等事件，更可发现教师的窘境：教师批评也不是，表扬也不是，不知该何去何从。

针对这些现象和问题，核心还是教育发展的"着力点"问题。教育改革与发展路径是一种包含"公共理性"和"个体理性"的双重理性行为。首先从根本上是一种以制度为基础的"公共理性"；其次才是由人的主观努力、意志来承担的"个体理性"。而如果教育发展缺失了其制度公共理性的基础，人为地将处理矛盾关系的主要着力点落到"个体理性"——教师或学生的个体主观努力上，是把教育发展偏执化为一种个体行为，一种抛弃了可选择的"集体共识和公共理性"的行为，最终将导致个体因为无法做到"全面适度把握"而陷入"无所适从"的境地。也就是说，剖析当前教育发展中出现的诸多矛盾问题背后的原因，就是教育发展依靠的是以"个体智慧"和"心力"等为标志的"个体理性"，而缺少了某种教育参与者在处理"社会性自我"与"个体性自我"矛盾关系时所依据、遵循的某种"刚性原则"。这种"刚性原则"即表现为依靠制序形成的"公共理性"。

因此，本书认为，以"公共理性"为核心着力点，以"个体理性"为补充的交往才是真正的"教育发展"，才能真正完成教育生成人之重任。基于此，本书提出了教育发展由"个体理性理路"向"制序公共理性理路"转型的观点。以教育发展过程中在处理"社会性自我"与"个体性自我"矛盾关系作为研究对象的分析，对于教育发展过程中其他诸如管理方面依靠"个体理性"可能遭遇何种问题，以及如何解决，具有启示作用。希望通过此书的出版，对于教育发展过程中可能遇到的类似问题的解决有所助益。

在此，感激机遇带给我的与"制序公共理性"观点的相遇，以及这一观点带给我的各种解惑，同时感谢在此书核心思想形成过程中，与各位学者的探讨与碰撞，以及编辑老师的斧正指导，谢谢！

目 录
CONTENTS

引子 …………………………………………………………… 1

第一章　教育发展理路的历史追溯与反思 …………………… 5
　　一　学校教育发展理路的历史追溯 …………………………… 5
　　二　学校教育发展理路的历史反思 …………………………… 16

第二章　教育制序的本体解读 ………………………………… 21
　　一　教育制序内涵 ……………………………………………… 21
　　二　教育制序的本质 …………………………………………… 33
　　三　教育制序的特征 …………………………………………… 37

第三章　教育制序发展理论的合理性追问 …………………… 44
　　一　教育制序发展理路与人的发展：前提考察 …………… 44
　　二　教育制序发展理路与人的发展：内在考察 …………… 56

第四章　教育制序发展理路形成的影响因素 ………………… 77
　　一　制序理路影响因素的内容构成 ………………………… 77
　　二　制序理路影响因素的核心确定 ………………………… 86
　　三　制序规则作为核心因素的分析视角 …………………… 93

第五章　教育制序发展理路的建构（上）：原则篇 ……… 95
　　一　原则的相关界定 ………………………………… 96
　　二　确定原则的基本依据 …………………………… 99
　　三　原则确定的基本标准 …………………………… 105
　　四　原则的澄清与确定 ……………………………… 107

第六章　教育制序发展理路的建构（下）：策略篇 ……… 112
　　一　核心对象的确认 ………………………………… 112
　　二　核心策略的实现构想 …………………………… 126
　　三　外围策略的配套改革 …………………………… 138

后　记 ……………………………………………………… 142

引　子

人，在教育中诗意地栖居？

"人，诗意地栖居在大地上。"荷尔德林的诗，经海德格尔的演绎，如今成为教育的美好愿景。教育对"人之生长"的"美好"憧憬和"一往情深"，是在经历了技术化的"本质主义肆虐"和虚无的后现代"存在主义焦虑"之后，一种"本能"的视阈融合。现在的教育便开始憧憬着上演一幕"美丽神话"。

1. 学生要像天使般幸福

"我仿佛走进了天使的家，仿佛步入了快乐天堂……我羡慕那些能进入他的班级的孩子，为他们的幸运，为他们的快乐，为他们的幸福。在他的课堂里，再也没有空洞的说教，再也没有斥责和惩罚，有的只是一个又一个迷人的游戏，有的只是一次又一次心灵对话，有的只是一颗温暖的、呵护的、体贴的爱心。"① 这是学校教育对学生体验到幸福感受的美好期望。

2. 课堂要像天堂般快乐

"让我们在海边建构学校，开展课程，这里儿童可以与阳光散步，与海浪交谈；让我们打开一个新的世界，这里有梦想、游戏、低语、笑声，甚至也有风暴；让我们创造一个，如多尔所言，'充满灵性的'空间，这里儿童能够在异乡人的陪伴中冒险步入生活的神奇。一个不断的、永远演变的、没有终点的旅程：与儿童一起，我们永远在征途上……"② 这是王

---

① 姚晓静：《天使在课堂》，《中国教育报》2005年第12期。
② 陈晓波：《课程愿景——我们的美好期待》，《中国教育报》2004年第8期。

红宇在《异乡人的呼唤：德韦恩·休伯纳的精神旅程课程愿景》一文中描述的"课程愿景"。

3. 校园要像伊甸园般美好

"在他自由的校园里，在他欢乐的课堂里，在他火热的暑假里，享受着计算，享受着阅读，享受着学习，享受着友谊，享受着童年。我真的希望，我的孩子们也能彻底摆脱分数这一束缚人、折磨孩子的枷锁，不再为分数而忧愁，不再为分数而苦恼，不再为分数所困扰，步入快乐课堂，成为快乐天使。"①

诸如此类的教育中"神话"式寻根，为我们勾勒出一幅无限美好的教育图景，在其中没有压抑、没有说教、没有痛苦，只有天使般的幸福、天堂般的美好。对于这样"美妙绝伦"的教育愿景是否为"镜花水月"抑或"空中楼阁"，我们暂不妄做论断，姑且先来考察其"实现的方式和着力点"是否夯实，如若支撑教育愿景"如天堂般美好"的"擎天柱——实现的方式和着力点"不像想象般"牢固"，"空中楼阁"也就不攻自破了。

那么，试图实现教育美好愿景，在现实教育中依靠的主要支撑是什么呢？依实然教育状况来看，现实教育活动企图通过"'教师个体智慧'把握的'师生之间的对话与交往'"来实现"美好的教育愿景"。这一实现方式具有双重意图。

首先，教育试图通过"交往与对话"来调和教育中"规训"与"张扬"人性的矛盾。一方面主张抛弃传统"独白"模式的教育方式，因为它"使得教育异变成了表演，却没有观众，这种'知识专制'使学生始终处于教育的边缘。具体到我们的课堂上来，老师硬生生地把知识灌输给学生，在似懂非懂中我们的学生囫囵吞枣般吃了进去，却造成了消化不良甚至根本就不消化。尽管我们老师兢兢业业、勤勤恳恳，但结果还是'雨过地皮湿'，除了留有五分钟的热度外，再也找不到让他们欣慰的痕迹。"②另一方面就大力倡扬"对话"模式的教育方式，"让对话拆毁教育的'围墙'……说到底，师生对话是师生双方相遇，每一方都应把另一方看作与自己交谈的'你'，而不是像传统教育那样，把师生关系看成人与物的关

---

① 姚晓静：《天使在课堂》，《中国教育报》2005 年第 12 期。
② 蒋丽丽：《让对话拆毁教育的"围墙"》，《中国教育报》2004 年第 4 期。

系，让教师全职充当了'填鸭'者。对话的过程不是一方压制或变革另一方，而是共同参与，塑造一个属于双方的话语背景。对话的实质也是在自我中发现他人，在他人中发现自我。因此为防止自我的丧失，在对话中，教师和学生要建立一种新的关系，使老师的身份由独奏者过渡到伴奏者。在'我—你'的关系中，双方都以平等的姿态在共同的话语上展开思想交流，不是把对方看作可占有、改变的对象，而是与'我'讨论共同话题的对话中的'你'，沟通交流中的'你'，师生之间是一种平等的'参与—合作'关系，二者的合作达成一种默契。对话的过程也是一种共享，共享精神、知识、智慧和意义。师生在共享中相互促进发展，保持共识，容忍差异，才能理解对方，真诚地表达自己的思想"①。

其次，把握师生之间"如何平等对话与交往"的"度"试图由"教师个体智慧"来完成。教育中提倡平等的交往与对话，本无可置疑。只有在交往中才能调和矛盾、通畅关系的观念也已达成共识。但是，怎样才算是"平等的交往和对话"？什么情况下是"自由地沟通"，而不是"专制的权威"？什么情况下是"参与合作"，而不是"灌输接受"？这种对立关系之间的"边界"和"度"很难把握。"天堂般的教育"企图通过"教师个体智慧"来把握。这种教育希望教师个个都是充满教育智慧的大师，"倾听了大师的教诲，他于无声处给我上了精彩的一课：他没有任何理论的教条和喋喋不休的枯燥论述，却时时处处充满了教学的机智和教育的智慧；他以无私的爱、智慧的爱、生趣盎然又充满原则的爱，创造了一个又一个教育的奇迹"②。

试问，依靠个体智慧，教师如何才能知道"什么样的爱是既生趣盎然又充满原则的爱"？如何才能把握"什么时候是'由独奏者过渡到伴奏者'"？事实表明，教师在运用"个体智慧"来把握"平等与对话"时面临着众多"困惑与不解"。

如2005年1月31日水木清华BBS教育版有一个标题为"请问一下平等对待每个孩子的问题"。在这个问题的讨论回帖中，许多人表达了这样的想法："在我看来，我们有这个愿望去平等对待每个孩子，并且努力去

---

① 蒋丽丽：《让对话拆毁教育的"围墙"》，《中国教育报》2004年第4期。
② 姚晓静：《天使在课堂》，《中国教育报》2005年第12期。

平等对待每个孩子。但是，客观条件是这样的，我们也是一个有感情有喜好有厌恶的人，就像我们对待周围的人，不可能对谁都一样好，总有自己喜欢和不喜欢的，但是，为了协调，我们努力使自己去平等地对待每个（学生）。"再如在"如何让学生愉快地学习知识"问题上，教师如何能"不说教、不严厉"，让学生感受"愉快"的同时还能够"学到很多知识"呢？许多教师都发出了"不知何为"的感慨：如果"严格指出对错并有学习要求"，仿佛就妨碍了学生愉快体验的形成了；但是"不指出对错没有学习要求"呢，"知识学习"明明是需要在某些"约束"下才能成就的。这些例子充分说明教育发展面临着的众多"对立性范畴"，并不是教师个体智慧所能把握的。

　　智慧，有"辨析判断的能力"① 之义，"智"是"聪明"的意思，"慧"也是"聪明"的意思，"智"与"慧"放在一起，是"大聪明"的意思。古希腊人对智慧情有独钟。在神话中，智慧有自己的人格化身——雅典娜。她不仅有超凡的聪明才智，还能启迪人的心灵，授人以智慧。但教师不是"神"，教师的个体智慧只有依靠"心力""主观判断力和意志力"来把握"对立性范畴"的边界和尺度，然后用个体的"爱、情感、尊重、交流、对话和关心"等手段使学生有"平等自由的体验"，而拒绝教师使用"批评、惩罚"等规训手段，这种以教师个体智慧为主要着力点的教育效果并非想象般美好。

　　可见，依靠教师个体智慧来把握的平等交往与对话，仿佛不是"牢固"的"美好教育愿景"的"支撑点"和"着力点"，没有丝毫规训的"教育图景"仿佛也是"空中楼阁"般美丽但却不真实，"人在教育中的栖居"仿佛不如想象般"诗意"。沿此逻辑，笔者不禁追问，教师"个体智慧"不能成为教育中"人的生成"之主要着力点，那么，教育生成人主要依靠什么来实现，以什么为着力点？真正的教育"图景"既然不是"天堂般美好"，那又是怎样一番景象呢？至此，学校教育发展理路问题（在后文中把"教育生成人主要依靠什么为核心着力点"定义为学校教育理路）进入研究视野。全书由此展开。

---

① 《现代汉语词典》，商务印书馆1996年版，第1625页。

第一章 教育发展理路的历史追溯与反思

学校教育发展理路的现实困境之探究,需要诉诸历史的观照。对历史的反省越深刻,对现实的认识也就越清楚。因此,本章在学校教育发展理路的历史追溯的基础上,进行现实反思和理论拷问,期许开启学校教育通达"人的真正生成"的可能性道路。

一 学校教育发展理路的历史追溯

发展理路是关于何为推动本活动发展核心动力的理论思路与进路。任何一种活动之发展都有其自身的理论进路,该理论进路决定着该活动发展的根本路径,具有举足轻重的地位和作用。

学校教育发展理路也是如此。学校教育发展理路是关于何为推动教育活动发展核心动力的理论思路与进路,是对"教育活动主要依靠什么来培养人"的理论抽象与逻辑概括,其对应的现实问题是"教育活动主要以什么为着力点来培养人"。教育发展理路一方面决定着教育活动的根本思路,另一方面决定着教育培养的人是否充分、完全,是否真正能够"人之为人"以及是否能够符合时代要求并承担培养人的历史重任。

学校教育发展理路围绕的核心对象是教育中"人的生成"。对"人的生成"之内涵的考察,是探究学校教育发展理路的必然前提。一般说来,教育是实现人的社会化的过程,教育的基本矛盾是"教育与社会、教育与人"两大矛盾。因此,作为学校教育活动的主要承担者的"人",就是在教育中不断地由"个性自我"向"社会性自我"转化的主体,教育就是以不断探寻"个性自我与社会性自我"(又可称"特殊自我与普遍自我""个性自我与共性自我")有机融合,生成"主体间性自我"的有效途径、道路与方式的过程。

学校教育发展理路根据学校教育在不同时期对"个性自我与社会性自我"关系的处理方式不同，而区分为不同的发展阶段。按照其历史演进过程，可以分为"经验"型理路、"理论"型理路、"个体交往"型理路三个发展阶段。①"经验"型理路在教育活动中以人的"朴素教育经验"为依据来调节教育中"个性自我与社会性自我"的关系，"理论"型理路阶段教育活动调和"个性自我与社会性自我"矛盾关系凭借的是"教育理论"，"个体交往"型理路阶段人们凭借"个人交往"中的"个人理性"来调节教育中"个性自我与社会性自我"的关系。具体说来，不同历史时期的学校教育发展理路具有与这一阶段相适应的不同特点。

（一）"经验"型②理路

自教育活动产生至系统的教育理论（夸美纽斯的《大教学论》）产生的学校教育发展阶段，都称为"经验"型理路。这一阶段学校教育发展的特点是，依据朴素的经验来生成人，来处理教育中"个性自我与社会性自我"之间的矛盾关系。表现为教育者采用口耳相传、以身示范的方式，凭借个人经验向年青一代传授生产、生活技能。这一时期教育培养的人是"原始完全型"人。

---

① 这里有两点需要强调说明。第一，需要指出的是，这里提出的阶段是以当时占主导地位的学校教育发展理路来划分的，并不排除在每个阶段当中也存在其他阶段的特点，但主流不会改变。第二，本书"教育活动"发展所划分三个阶段，虽然与"教育理论"发展阶段划分在某些命名"词汇"的使用上有些相似之处，但是二者绝不是一回事。本书所划分的理路阶段是从"现实的教育活动"主要依靠什么、以什么为基准点来培养人的角度进行的，而不是从"教育理论"自身的发展阶段的角度来划分的。如本书所说的"经验"型理路是在教育理论产生之前的教育发展阶段。

② 虽然"教育活动"和"教育理论"的发展，都存在"朴素经验型"阶段，但是教育活动的"朴素经验型"阶段与教育理论发展的"朴素经验型"阶段不同，在对应的教育历史的时间段上也截然不同。教育活动的"朴素经验型"阶段开始于教育活动产生的第一天，到比较系统的教育理论产生为止，表明的是依靠朴素的经验培养人，是口耳相传、以身示范的教育发展阶段；而教育理论发展的"朴素经验型"阶段，则开始于作为教育理论比较系统的产生，一般以培根的《论科学的价值和发展》（1623）或者《大教学论》（1632）为起始点，到康德和赫尔巴特开始的以理性主义为基础的教育理论研究阶段。而这一阶段之所以被称为"朴素经验型"阶段，主要是因为此时的教育研究，从哲学基础来看是感觉论或自然主义；从教育学理论的来源来看，主要是基于对历史经验的总结和教育家自身实践经验的概括。夸美纽斯堪称这一时期的代表，还有洛克的《教育漫话》（1693）以及卢梭的《爱弥儿》（1762）等。

1. "经验"型理路的时期

从时间段上来看,"朴素经验"型理路的时期,指的是从教育活动产生至系统的教育理论(夸美纽斯的《大教学论》)产生的学校教育发展阶段。从社会发展水平来看,这是一个"社会生产力水平较低、劳动经验简单而原始、社会精神文化尚不发达"的历史时期。

2. "经验"型理路的着力点

从其着力点来看,"朴素经验"型理路凭借教育者"朴素的教育经验"来协调"个性自我与社会性自我"之间的矛盾关系,从而来培养人。这是由人类认识的发展水平决定的。

人类认识发展的最初阶段,认识的特点表现为以感觉论、自然主义实在论为哲学基础。认识的主体不能够自觉形成对认识的反思,而只能以直觉感官、朴素经验为基础来"直接断言事物本身"[①]。此时的教育没有明确地宣称自己的教育目的,教育也只是为了满足社会生活和劳动生产需要,教育的内容也没有刻意去选择某些"教育经验和常识"。表现在教育中,教育者以其个体"朴素经验"来想当然地从"所谓的教育内容"中选择他认为有用的部分来传授,教育者"教什么、如何教"全凭个人的经验,而且坚信,只要将上一辈积累并流传下来的生产生活技能传授给下一代,就自然地完成了"人的社会化"教育过程。这种凭借经验的处理方式,不存在将教育经验升华为理论并推广的基础,是自发的且尚未被反思的方式,是教育发展理路的第一阶段。

3. "经验"型理路的结果

从"人的生成"结果来看,"朴素经验"型理路阶段,教育培养了"原始完全型"人。这一时期教育活动是一种与当时的生产生活相适应的"原始丰富性"实践活动,教育者向年轻一辈传授"生产技能、习俗经验、行为规范、体格锻炼等"生存所必需的能力,以及在劳动中自发形成的"宗教信仰、歌曲舞蹈"等精神艺术。由于当时人的发展处于"填充空白"时期,无论是人的"社会性自我"和"个体性自我"都处于"未填充"

---

① 孙正聿:《哲学通论》,辽宁人民出版社2000年版,第386页。

的"空白"阶段，因此，无论是"社会性自我"的教育养成，还是"个体性自我"的发展，都是"来者不拒，全盘吸收"。因此，此时人的"社会性自我"和"个体性自我"发展不存在相互压制和争夺，表现出一种原始的和谐，同时占据人的全部教育空间，被"社会性自我"和"个体性自我"全部占据的人，被称为"原始完全型"人。

（二）"理论"型理路

"理论"型理路是指从系统的教育理论产生（一般认为从夸美纽斯1632年第一本系统教育专著《大教学论》伊始）至20世纪下半叶"多元化""交叉综合"教育理论出现的学校教育发展阶段。这一阶段教育活动的特点是，在认识到直接经验无法满足教育培养人的需求之后，把个体经验上升为"理论"，把普遍经验上升为"理论"，并把"理论"视为教育的"科学规律"，主动地、自愿地、不带有任何强迫性地据其来培养人。更进一步来说，即是严格以某种"教育理论"（如赫尔巴特抑或杜威抑或其他教育理论）为至上规律，来处理"社会性自我"和"个体性自我"之间的矛盾关系。这一时期教育培养的人是以某一种教育观为基础的"单面人""偏执人"——或者注重"社会性自我"的"系统知识"规训，或者注重"个体性自我"的"情感体验"。

1. "理论"型理路的时期

从时间段来看，"理论"型理路开始于以夸美纽斯的《大教学论》（1632）为标志的第一本系统教育专著，一直延续至20世纪下半叶以"多元化""交叉综合"为特征的教育理论出现为止。这一段时间内的学校教育发展阶段，都属于教育发展的"理论"型理路。

"教育理论"也有自己的明确发展阶段划分。"以前，我们研究教育学理论的发展，比较多的是关注一个教育家的理论，即看他提出了什么问题，阐明了什么问题，解决了什么问题，而很少从理论自身的发展过程这一角度来探讨教育学的发展。"[①] 因此，每一个教育理论发展阶段是否都是以"理论"的方式来处理"社会性自我"还是"个体性自我"之间的矛盾关系，还需要进一步确认。到目前为止，研究较为系统、基本达成

---

① 王坤庆：《教育学史论纲》，湖北教育出版社2000年版，第313页。

共识的关于教育理论阶段的理论当数"经验—描述""哲学—思辨""科学—实证""规范—综合"① 四个阶段理论。本书的"理论"型理路阶段，从时间跨度上看，主要涵盖了教育理论发展的"经验—描述""哲学—思辨""科学—实证"三个阶段，而第四个阶段——"规范—综合"阶段已经进入教育活动发展理路的下一时期——"个体交往"理路时期。因此，在分析"理论"型教育发展理路特点时，就需要从这三个阶段②来入手，揭示其本质。

2."理论"型理路的着力点

从着力点来看，"理论"型理路阶段凭借的是被视为"普适规律"的"教育理论"来处理教育中"社会性自我"和"个体性自我"之间的矛盾关系。由于经验是最原始、最简单、最素朴的因素，它的特点是局部的、直接的、不完整的，是经验主义者对常识的一种本能反应。伴随着学校教育活动的进一步发展，较大规模的学校教育出现的时候，教育如果再以经验为主要依靠点来培养人，其每前进一步都是很困难的。因此，在这个时候，素朴的教育经验与常识上升为某种理论就成为一种发展的必然要求。"理论"型理路就应运而生了。理论型教育理路阶段，学校教育活动开始寻求统一的教育理论、教育模式和方式方法，意图通过对教育做一个"全面、系统"的规定，以求实现对教育怎么样培养人的"规律性的指导"，达到普遍适用的效果。因此，这一阶段是在认识到经验不足之后，把经验上升为"教育科学规律"并据此来培养人，即严格以某种教育理论（如赫尔巴特抑或杜威的教育理论抑或其他理论）为至上规律。并在此基础上认为，规律性理论一定存在，而且只要找到这样的理论，教育就一定能够依靠它来实现"培养人"的目的。

"教育理论"发展阶段与"理论型"理路发展阶段是不同的。从根本意义来讲，并不是只要有教育理论"存在"的教育活动，都是以"理论"为主要着力点来培养人。如果教育理论的"存在"与"发挥作用"（即是

---

① 王坤庆：《教育学史论纲》，湖北教育出版社 2000 年版，第 317—337 页。
② 之所以要将"教育理论发展"与"教育发展理路"阶段划分进行对比，是因为人们对教育理论发展阶段的划分比较熟识，而对于教育发展理论的划分阶段却不甚明了；对比说明能加深印象；更深层次原因在于，教育理论发展的每一阶段并非都是"理论型"理路阶段，因此需要逐一论证。

否以其为着力点）是同一含义，那么，教育理论自产生之日起以及之后的所有教育发展理路就会一直是"理论型"理路，因为，教育理论从产生开始在任何时期都必然存在。显然，教育理论的"存在"与"发挥作用"（即是否以其为着力点）是不同的。所以，我们需要确认，教育理论发展的"何种时期、何种阶段"是"理论型理路"，是以"教育理论"为主要着力点来培养人的理路。据此考察，"理论"型教育发展理路主要涵盖教育理论发展的"经验—描述""哲学—思辨""科学—实证"三个阶段，而不涵盖"规范—综合"阶段。而且，无论是在理论发展的"经验—描述""哲学—思辨""科学—实证"三个阶段中的哪个阶段，都是一种依靠理论来处理人的生成中"社会性自我"与"个体性自我"之间的矛盾关系，都是"理论"型理路。而且，这是一个需要进一步论证和澄清的判断。

第一，教育理论的"经验—描述"① 阶段培养人主要依靠的是"理论"。教育理论的"经验—描述"阶段，乍一听起来，感觉这一时期教育培养人仿佛主要依靠的是"经验"。但事实并非如此。虽然说是教育理论的"经验—描述"阶段，但这种理论从其性质来看，表现为"从教育研究者的哲学定向上看，他们坚持感觉论或自然主义的哲学基础，相信实在论。从教育学理论的来源来看，主要是基于对历史经验的总结和教育家自身实践经验的概括"②。因此，虽然这一时期的理论表现为"经验—描述"特性，但无论是夸美纽斯、洛克还是卢梭，都希望通过自己的理论来改变教育现实，教育发展的着力点、依靠点也是他们的理论。有专家认为，在赫尔巴特之前，夸美纽斯、卢梭和洛克的教育理论，对教育实践产生了重要的影响。尽管他们的理论是以感觉论和自然主义为哲学基础，并由对历史经验和教育专家的自身经验的直接总结而得来，但并不妨碍这种性质的理论作为培养人的主要着力点和依靠点。

---

① 从教育理论发展的角度提出的"经验—描述"发展阶段，也需要与一些类似的概念有所区别。经验理论，有时也作为"思辨"教育理论的对应范畴使用，主要指以经验主义为基础、以严格科学的方法建立的教育理论形态，也即"经验科学化"的教育学，或"作为经验科学的教育学"。经验理论，由于坚定的科学立场和鲜明的科学特征，而与传统的、思辨的、形而上学的思辨区分开来。但是，本书中"经验—描述"理论是指直接教育经验的积累阶段，从这个意义上讲，本书所指的经验教育理论是思辨教育理论之前的教育理论发展阶段。

② 王坤庆：《教育学史论纲》，湖北教育出版社2000年版，第320页。

第二，教育理论的"哲学—思辨"阶段培养人主要依靠的是"理论"。教育理论的"哲学—思辨"阶段是教育理论发展的典型阶段。这种性质的理论从研究方法论上看主要遵循思辨、演绎的方法，体现出哲学思辨的特征。最具有代表性的就是赫尔巴特和杜威的教育理论。他们都首先从哲学的某一观点出发，对教育的性质做精确的界定，然后按照他们所认定的教育活动的性质，对教育系统做全面的规定和阐述。比如赫尔巴特，德国传统的理性主义哲学是其思想基础，更从实践哲学（伦理学）和心理学出发，推导出他的教育目的论和教育方法论，其所专注的目标在于建立"一种真正科学的教育学"[①]，建立一种既具有学术性格，又能指导实践的"普遍妥当的教育学"。赫尔巴特强调以理论为着力点来培养人的思想，有论者在著述中直接做出了见证和确认："试图通过理论来影响教育实践并对近代教育学体系的建树具有开创性的贡献者，实为赫尔巴特。"[②] 又如杜威的教育理论，依笔者看来，虽然其哲学基础是"实用主义"，主张只要有效用就是好的教育，但从其最根本的意图来看，杜威的理论仍然是对"普遍妥当的教育学"的变相追求，只不过那样的教育学走了一条与赫尔巴特完全相反的路，以"学生为中心，以活动、活动课程为中心"。表面看起来不追求完善的教育理论体系，却是以不追求体系的"活动"课程的方式追求"普适教育理论"。因此，杜威没有从根本上超越寻求统一的体系和普适规律的教育理论初衷。因此可以说，以"能否上升为统一、普遍的教育规律"为自身使命的"哲学—思辨"教育理论必然成为这一时期教育培养人的主要着力点。

第三，教育理论的"科学—实证"阶段培养人的主要着力点在于"理论"。1875—1876年，德国教育学家威尔曼在布拉格大学主讲教育学时，首次宣称要建立教育科学。他认为，应把教育学视为一种事实的科学而从社会的、心理的层面加以解释，回答"是什么"的问题，这种以归纳、分析为特征的科学没有规范、指导的功能，只具有解释、说明的性质。威尔曼的这一贡献，使他成为历史上第一个将教育哲学与教育科学作明确区分并确立教育科学地位的人。1879年，苏格兰教育学家培因出版《作为科学

[①] 王坤庆：《教育学史论纲》，湖北教育出版社2000年版，第323页。
[②] 同上书，第322页。

的教育学》一书，这是历史上第一本以"教育科学"命名的著作。之后，冯特建立了第一个心理学实验室，拉依1903年写成《实验教学论》，还有真正建立起实验教育学的研究范式的梅伊曼，都被认为开启了教育学研究的新纪元，即科学教育学的新纪元。之后，法国的比奈、西蒙量表的智力测验运动，美国的桑代克创立的教育心理学都是这一时期的代表。总的来说，"科学—实证"阶段的教育理论，主要是受实证哲学、自然主义的科学观的影响，注重调查统计试验的方法而得出的理论表达。所以说，虽然这一阶段教育培养人仿佛要依靠的是某些介于"理论与实践"之间的"操作性技术"，但实际上，这一时期的理论表现为技术性的，只是换了另外一种方式来追求理论的指导性而已。正如拉依所说："旧教育与新教育的根本区别，在于搜集经验和研究的方法（这里，旧教育就是指思辨教育学，而新教育就是指科学实证教育学）。"① 后来德国文化教育学派代表人物之一李特也评论道："实证主义的实验教育学者就是根据将万有一切看作自然科学的实在的'自然主义形而上学'。"② 这就充分说明，无论是"哲学—思辨"教育理论，还是"科学—实证"教育理论都是在追求一种理论形而上学，只不过采取的研究方法和追求方式的"思辨与技术"不同而已。

跨越了17世纪到20世纪上半叶整整三个半世纪的这一"理论型"理路，总体来看，都是在寻求一种以理论作为教育培养人时处理"社会性自我"与"个体性自我"之间矛盾关系的主要基点和依靠方式。这一阶段的理论，从性质上看，基本涵盖了"经验—描述""哲学—思辨""科学—实证"三个阶段。在这三个发展阶段中，不管是以经验直觉产生的理论还是哲学思辨产生的理论，抑或是通过科学实证方式产生的理论，都是一种寻求普适理论作为教育发展推动力的核心基点，都是企图通过某一"真理性"理论的获得来指导实践。因此，无论是"经验—描述"阶段对理性的不加反思的迷信；还是"哲学—思辨"阶段对理性的直接迷恋和运用，抑或是"科学实证"阶段对理性的确信，都是一种相

---

① ［德］拉依：《实验教育学》，金澍荣等译，商务印书馆1938年版，第154页。
② 长田新：《现代教育哲学的根本问题》，转引自王坤庆《教育学史论纲》，湖北教育出版社2000年版，第329页。

信人能够通过寻找一种普适理论来指导教育现实的理论理性至上主义的直接表现。这种理论对实践的"处方"式思维，尤其能够证明，不论是哪种教育理论，都认为理论的作用在于或者类似于一种"处方教育理论"。利用这种教育理论对教育实践的处方，来解决所出现的问题，来处理培养人中"社会性自我"与"个体性自我"之间的矛盾关系，实为"理论型"理路的经典诠释。

3. "理论"型理路的结果

从人的培养结果来看，这一时期培养了"单面人""偏执人"——或者注重"社会性自我"的"系统知识"规训，或者注重"个体性自我"的"情感体验"。

这一时期培养的人的结果是由"教育理论"的特点决定的。由于追求"能上升为统一、普遍的教育规律"的教育理论是这一时期教育培养人的主要着力点和强烈使命，所以，教育理论以寻求普遍规律的目的为教育生成人的"不二法则"，它深刻反映了"单纯地从对象世界本身去寻求世界的统一性，并直接断言世界本身"的整体经验主义认识论特点。这种整体经验主义认识论特点，由于其认识论水平的局限，不可能达到"思维"与"存在"之间关系的反思层面，没有认识到理论对"统一、普遍的教育规律"的追求只是一种形而上学的承诺而非现实。因此，现实教育理论在教育活动中被不断地"证否"，即理论一旦被发现有不足之处就会遭到实践的抛弃，这也就是为什么赫尔巴特的教育理论会在占有相当高的地位之后被杜威否定，而若干年后，杜威的教育理论也遭受相同境遇。基于此，每一次新理论的提出虽都有其合理性成分，但普适性追求使得理论难逃被批判、被抛弃的命运，从而不断出现以注重"系统知识"为特点的"社会性自我"养成的教育理论，继而又出现以注重"情感体验"为特点的"个体性自我"养成的教育理论。因此，这一时期教育理论的更替决定了教育培养的人，因为在不同时期确信某一种理论而在以不同价值观为基础理论所倡导的"偏执人""单面人"中徘徊：或者以社会性自我为主导，或者以个体性自我为主导。这也是教育发展以"理论"为生成人的主要着力点之历史宿命。

(三)"个体交往"型①理路

"个体交往"型理路是指从20世纪下半叶教育理论开始呈现多元化趋势以来的学校教育发展阶段。其特点是在认识到任何一种"教育科学理论"都无法完全满足教育实践对于处理"社会性自我"与"个体性自我"矛盾关系的需要,无法"客观"地解决实践中的所有教育问题,造成了教育生成或者"社会性自我",或者"个体性自我"的"单面人"之后,提出教育行为的实施要根据具体的教育实践、教育情境,在交往中生成人。即意图生成"社会性自我"与"个体性自我"都得到充分发展的"全面人"。

1. "个体交往"型理路的时期

从时间上看,"个体交往"型理路的跨度是从20世纪下半叶教育理论开始呈现多元化趋势以来的学校教育发展阶段。以"个体交往"为主要着力点来培养人原发于教育理论多元化之后教育活动对"交往理论"的引入,以及在"教育交往"中实现充分发展的"全面人"的美好愿望。20世纪西方教育学随着实验教育学的问世便呈现出一种复杂多变的倾向。科学主义每前进一步,都会受到来自相反方向的挑战,这种状况一直持续到当代,以致教育理论的发展出现了"价值取向多元化"的呼声。如,产生于美国20世纪30—50年代的各种"主义式"教育学流派,分别代表着不同的方法论基础,要素主义较多地强调理性主义因素,而又在教育目的、课程选择等问题上体现着传统的人文主义倾向;永恒主义则是追求教育理想中的人文主义,是发端于欧洲文艺复兴时期的古典人文主义的现代复兴,然而,在其方法论基础上,却充满对理性、对客观实在的崇尚。英国教育学家赫斯特和彼得斯均属于主张科学主义的分析教育哲学学派,倡导教育学研究方法的科学化及语言分析的精确化,但在教育实践上却赞成以科学理性原则为基础的自由教育。再加上"教育哲学、教育社会学、教育经济学、教育人类学、教育生态学"等交叉综合学科的出现,都不断标志

---

① "个体交往"型理路是真正"交往"型理路的变异。真正的"交往",是"个体交往"与"公共交往"的统一,且以公共交往为主导(后文详细论证)。笔者认为,当前的学校教育发展,虽然保留教育界通用的、自认为正确的"通过教育交往来生成人",却没有把握"交往"的本真内涵,是对"交往"的片面理解,抛弃了其"公共交往"的一面。

和演绎着多元化的教育理论，也标志着任何一种教育理论都无法再成为放之四海而皆准的"真理"。此时，"交往理论"便自然地被教育领域所接纳，并成为教育处理"社会性自我"与"个体性自我"的矛盾关系的主要着力点。

2. "个体交往"型理路的着力点

从着力点来看，教育发展意图通过"交往"来生成人，却"变异"到依靠"个体交往"来处理"社会性自我"与"个体性自我"的矛盾关系和张力。当任何一种"教育科学理论"都只能培养出"偏执人""单面人"，而无法完全满足教育实践培养"全面发展的人"的需要之后，教育参与者就必然地提出教育行为的实施要根据具体的教育实践、教育情境来"理论联系实际，具体问题具体分析"地在"交往"中培养人。但是，现今的教育交往没有领会到"交往"之本真内涵，抛弃了其"公共交往"的主导层面，片面地以"个体交往"为着力点来生成人。

教育以教育参与者之间的"个体交往"为着力点来生成人，在当前教育现实中得到广泛演绎，且从人们对教育的期望描述中到处可见：教育交往中，教育者和受教育者都是有意识的、有目的、有主观能动性的人，由于人与人之间相互作用的复杂性，交往意味着交往双方成为具有独立人格的自由主体；教育交往所反映的正是人与人之间的互主体关系，要保持畅通的交流，师生必须根据对已有的交往场的认识，及时调整自己的交往行为，创造出更有利的交往关系，只有能引起共鸣的交往场，才会产生真正的交往；交往中，师生之间传递的不仅仅是知识，而且是完整人格的交流，"是人与人精神相契合"，"是人对人的主体间的灵肉交流活动"，双方互相倾听和言说，彼此敞开自己的精神世界，在"理解"和"对话"中，获得精神的交流和人格的完善。

从上述描述中可以看出，诸如此类的教育运用"交往"理论来作为生成人的着力点，更多关注的是"人与人"之间的"感情与爱"的交往，"生命体验""精神交流""心灵对话"等概念逐渐占据了教育交往理论的空间，完全是一种"心灵交往"方案，是一种用"心灵臆语"去遮蔽"教育交往"的"真正理性"，单纯的情感和精神上的"个体交往"成为教育生成人的主要着力点。

3. "个体交往"型理路的结果

从结果来看，所谓的"交往"型教育发展理路意图通过"个体交往"来生成"社会性自我"与"个体性自我"都得到充分发展的人。但实际结果却不尽然。"社会性自我"与"个体性自我"都得到充分发展的人的"完美期许"有变异到"社会性自我"与"个体性自我"都没有得到充分发展的"夹生人"之趋势，这一定论还需在反思中进一步明晰。

二　学校教育发展理路的历史反思

回溯学校教育发展的来路，每一阶段的转型都具有必然性与进步性，同时又不可避免地具有当时历史阶段的局限性。只有明其"优长与不足"，才能推进学校教育中人的进一步生成。

（一）教育发展理路历史进步性

教育发展从"经验"型，到"理论"型，再到"个体交往"型理路的演进，每一阶段的转型都是一次里程碑式的跃进，具有不可磨灭的历史进步性和积极意义。其历史进步性表现在以下方面。

一是实现着教育活动发展认识论的不断超越。从"经验"型，到"理论"型，再到"个体交往"型的教育发展理路，从教育活动发展认识论上反映了"个体交往理性"对经验主义、普遍理性主义（科学理性主义）、后现代主义的不断超越和螺旋式上升。首先，"经验"型理路的认识论基础是经验主义。在教育发端之初，经验是教育最直接、最具体、最常用的资源形式，教育依靠经验传承了人类最原始、最素朴的文化，使人类开始摆脱野蛮，走向文明。其次，"理论"型理路的认识论基础是科学理性主义（即普遍理性）。它扬弃了直接教育经验的"局部、零碎、不全面"以及"简单的重复和单调的模仿"等不足，建立了以自明的先天概念和理性直觉为前提的"系统教育理论"，教育发展得以科学化、规模化、制度化，在教育发展史上奠定了牢固而不可撼动的地位。再次，现在倡导的"交往"型理路的认识论基础是"交往理性"，它批判了科学理性主义的理性至上、僵化教条的缺陷，倡导教育发展的多元，但同时又超越了后现代主义的怎么都行、规则虚无的不足，提出要根据具体的教育情境、具体问题具体分析地解决教育问题，实现教育在"交往"中生成人。虽然现实教育没有对"交往"的内涵认识全面，反而变异到"个体交往"，但是，通过"交往"来实现人的生成的意图却是进步的。

二是实现着教育教学发展模式的不断探索。从"经验"型到"理论"型到"个体交往"型的教育发展理路，不断探索着、创新着教育教学发展模式。"经验"型理路阶段，以孔子创立私塾和苏格拉底讲学为标志，个别教学的教育模式，因材施教的教学方法，至今仍闪烁着智慧的光芒，为后来教育留下了无可比拟的宝贵财富。"理论"型理路阶段，捷克教育家夸美纽斯创立的班级授课制，以其规模化、高效化的优势成为世界各国学校普遍采用的教育组织形式，并得到不断发展和完善。同时，赫尔巴特提出的四阶段教学理论，使得班级授课制逐渐廓清了"教师中心、课程中心、教材中心"的教学体制，大大提高了教育效率，教育迅速得到普及。之后杜威又提出现代教育的"三中心"，并在与传统模式的争鸣中使教育活动得到进一步推动与发展。"个体交往"型理路阶段，教育实施者认识到教育发展不能够采取任何一种单一模式后，开始通过个人努力寻求各种方式使多元理论融合，并探索出诸如情境教学、自主学习等各种新型教育模式，在丰富、创新教育教学模式之余，不断逼近教育发展的真正轨道。

三是实现着教育培养人的不断完善。教育发展从"经验"型、"理论"型到"个体交往"型理路，使教育培养的人日益趋向完善。"经验"型理路阶段，教育培养人在以血缘、地缘为纽带的群体当中进行，继承了本地区、本家族大量的生产生活经验，使人逐渐摆脱野蛮，进入文明时期，"人"开始逐渐具体丰富起来。"理论"型理路阶段，教育开始摆脱原始的经验式发展，并试图寻求普适的教育规律，使得教育培养的人独立性、主体性日益增强，知识系统日益丰富，情绪情感体验日益真切，在"人之为人"的路途上迈出关键的一步。"个体交往"型理路阶段，教育培养的人试图摆脱"单面人"（或知识人，或情感人）的发展模式，转而注重交往和实践，在教育的个体交往中注重人的全面发展，试图生成"知识认知"和"主体人格"都得到充分发展的"真正人"，而且不可否认的是，也取得了一定的成效。

（二）教育发展理路面临的困境

教育发展理路从"经验"型到"理论"型再到"个体交往"型，意图通过交往来实现"社会性自我"与"个体性自我"的融合，生成一种"主体间性自我"。但是，从目前的"个体交往"理路的实际教育活动发展来看，教育行为实施者已经在思想上认识到教育过程再也不能单纯地根据某种经验或者某一理论来僵化、机械地进行了。教育行为的实施要根据具体的教育实践、教育情境来"理论联系实际，具体问题具体分析"地培养人。教师个体要分析自己所处的实际教育情境，根据每个教育对象的特点来采取措施。但从实际结果上看，教育活动发展仿佛又陷入了某种困境：教育实施者在面临教育实践时不知道该如何才能把握"个体性与社会性"之间的"度"，好像"这样也不对，那样也不对"，不知道该怎么办。

1. 学校教育发展面临的困境及其表现

第一，教师"一言堂"也不是，学生"全言堂"也不是，教师陷入了让学生"说与不说"的尴尬中。传统教学模式教师一个人讲，有人认为那压抑了学生的积极性；改革传统的教学模式，变为学生"全言堂"，学生成为课堂的主宰，充分发扬学生的"主体性"。但是，问题又接踵而来，如果学生能够自己都学习完成了，还需要教师干什么？所以也遭到了质疑。最后，有人提出"群言堂"，大家都来说。可是，大家都说，难道就是无序地随便说吗？有人说，"教师主导，学生主体"，可是那又怎么样，谁能知道到底什么叫主导，什么叫主体？主导应该怎么表现，主体应该怎么做？教师还是处于"混沌"之中。

第二，教师"书本知识"多讲一些也不是，"活动课"多上一些也不是，陷入了不知上什么课的尴尬中。传统的教学模式以教师控制课堂、垄断教科书、垄断知识，并以知识的合法权威代表身份向学生"灌输知识"，有人认为这种教学模式以学生为客体，压抑了学生主动性的发挥；所以目前教育改革的趋向是增加实践活动课，增强学生在活动中的参与度。可问题同样存在，"多讲知识"仿佛就压抑了学生；"多上活动课"仿佛学生就"散了花"，教师不知道该怎么办了。

第三，教师批评也不是，表扬也不是，陷入了"批评还是表扬"的尴尬中。传统教育活动中，教师的批评多于表扬，有人认为那早需要抛弃了；新课程的教育改革，要充分发挥学生的民主性。有研究指出，一堂课上，教师用"对、好"之类的评价占到总评价次数的2/3以上，而且即使学生答错了也不敢使用"你答的不对"之类的评价，最多就是不评价，生怕说了"不好、不对"就妨碍了学生主体性的形成。但是教师自身明明知道，处于发展期的学生还是应该知道什么是对、什么是错，对其应该有所约束的。因此，教师也陷入了不知如何作为的"混沌"中。

在这种混沌当中，教师和学生都感到忙乱和无所适从。

首先，教师在教育教学活动中感到"制度虚无"，没有一个"可选择"的标准作为依据，不知道该怎么做。仿佛规训就没有了民主，有了民主就没有了约束。因此，在这种尴尬中，教师只能在临时的教育情境中依靠个体主观理性、意志来做出决定；而在每次做出决定时，教师也不知道自己做出的决定是否合理。所以，每次都需要在教育情境中依靠个体主观来做出应答的高强度应激，以及对这种应答的不确定，就造成了教师压力不断增大，出现现代教师"压抑"而沉重的生活方式，教师职业因而被认为是一种精神压力大、情绪高度紧张的职业。

其次，学生发展成"夹生人"。"个体交往"理路中，学生的发展也发生了变形。教育培养了一种"夹生"的人，教育目标无法实现。现在课堂上，或者学生不能挨到一点批评，完全是一种"小霸王"人格；或者认为规训有理，仍然采用传统教育的方式，养成了一种"懦弱"人格；但更多的是，认为这两种都不对，既要规训又要民主，转而培养了一种"夹生的人"，基础知识不怎么样，主体性也没有发展得如何好。教育培养出"夹生"的人，实际上就是现在教育实践活动"夹生"状态的真实写照。

2. 学校教育发展的困境归因

教育活动发展"个体交往理路"意图超越经验主义的最原始、最简单、最素朴的因素，及局部的、直接的、不完整的、依靠常识而得来的局限；意图超越普遍理性主义、绝对主义至上，教条僵化的教育发展模式；意图超越后现代主义怎么都行的相对主义和虚无，试图以交往为基础来建立教育活动发展的新模式，在教育过程中通过各个体之间的交往，来提高教育效果。但效果却不尽如人意。

究其原因，笔者认为问题就在于"个体交往"型理路。在个体交往中，教育参与者（包括教师和学生）都感到个体压力过大，个人无法确切把握"处理各种矛盾关系时的合理'辩证'和精确'度'"。虽然"个体理性"试图依靠在交往过程中的"个体智慧"和"心力""意志力"来"辩证"地处理"社会性自我与个体性自我"之间的矛盾关系，在我国有一定的"文化传统与根基"①，但是，主观地认为，只要在交往过程中个体依靠自己的"个体智慧"和"心力"就能衡量到底需要运用哪一种教育思想，就能够知道如何处理各种教育情境，从而具体问题具体分析，仿佛教育效果要怎样提高都可以的美好愿望未必能够实现，恐怕只能是某种"愿望"而已。

教育活动参与者个体普遍感到缺少一种"刚性原则"来作为教育培养人时处理"社会性自我"与"个体性自我"矛盾关系的基本依据，纵然"心力"的使用在中国有深厚的基础与背景，但是，教育者个体无法承受依靠"'个体理性'来衡量具体情境达到一种'全面辩证把握'"的重大使命，不以一定的"刚性原则"作为基础，"心力、个体智慧"在面临具体教育矛盾时给个人带来的只能是负担加重。

因此，当前"个体交往"型教育发展理路的病症就在于，教育发展依靠的是以"个体智慧"和"心力"等为标志的"个体理性"，而缺少了某种教育参与者在处理"社会性自我"与"个体性自我"矛盾关系时所依据、遵循的某种"刚性原则"。这种"刚性原则"就表现为"公共交往"中依靠制序形成的"公共理性"。以"公共理性"为核心着力点，以"个体理性"为补充的交往才是真正的"教育交往"，才能真正完成教育生成人之重任。由此，本书提出了教育发展的"制序理路"转型。

---

① 中国历来有依靠"心力、意志力"来解决问题的传统。中国人主张心本论，讲究"心融万物"，任何事理的追究都会最终追溯到"心源"。一方面是"心"能总括万法，从心到天地到万物，均由"心成"。因此，在我国教育活动发展中，当教育发展经历了极端的发展模式之后、意图走向"融合辩证"之时，选择以个体"心力、意志力、个体智慧"为表征的"个体理性"为主要着力点，具有某些必然性。

第二章 教育制序的本体解读

教育发展过程中公共理性重要性的提出,昭示着教育发展制序理路的转型。本章在本体意义上分别从内涵、本质、特征三个方面对教育制序进行解读。

一 教育制序内涵

在教育研究中,"制度"一词比较常用。"制序"一词被引入教育领域来论证教育中的问题,是刚刚开始的事情①。鉴于"制序"在教育中的鲜见,以及与"制度"区别何在的不易觉察性,本章对"教育制序"的本体解读首先从"制序"开始。

(一) 制序的内涵

"制序"(institution)一词由我国著名经济学研究者韦森在其制度经济学著作《文化与制序》一书中首次提出。这一概念提出的背景是,20 世纪 90 年代中期以来,我国学者引进"新制度经济学",制度研究成为热点。人们从不同的角度对制度进行了全面而具体的探讨和研究,涉及文化学、政治学、社会学等各个学科领域。其中,经济学研究者韦森在翻译制度经济学时把"institution"翻译成中文"制序","制序"一词开始公开使用。"制序"一词自提出之后,得到了各方的关注,并在相关研究领域中多次被引证。

韦森对"制序"的来源是这样论述的②:为了区别开英文 institutions

---

① 题目中含有"制序"一词的教育学博士论文有杨运鑫《多中心大学制序研究》,华东师范大学博士学位论文,2004 年。

② 韦森:《社会制序的经济分析导论》,生活·读书·新知三联书店 2001 年版,第 5—12 页。

与 regimes 在中文"制度"意义上的混淆,笔者经过多年的反复思考,决定把英文的 institutions 翻译为"制序"(由中文"制度"与"秩序"二词相加,取头取尾去中间二字而来)。对英文 institutions 的中译法,笔者拟专文探讨。另外,英文 social order 所对应的德文词 Gesellschaftordnung 也通常被翻译为中文的"社会制度"。这也从一个侧面说明,在西方诸文字中,social orders 和 institutions 两个词的含义有许多交叉和重叠之处。经反复推敲,笔者认为,德文词 Gesellschaftordnung 亦应当被翻译为中文的"社会制序"。

韦森对"制序"的内涵是这样界定的①:"制序"是"制度"和"秩序"的结合。"制序"的英文是"institutions"(同"制度"),但意思是"由规则、制度调节着的建立起来的秩序",并进一步理解为包含作为种种"社会事态"的"秩序"和作为规则与约束的"制度"动态发展着的"逻辑整合体"。"制序化"理解为从个人的习惯到群体的习俗(自发的社会秩序),从习俗到惯例(非正式约束),从惯例到制度(正式约束)这样内在于社会过程中的动态逻辑发展过程。

本书中为什么要用"制序"而不是"制度","制序"与"制度"的区别何在,就需要进一步详加阐述。本书在基本认同韦森关于"'制序'是'制度'和'秩序'的结合"基本观点的基础上,进一步从"制度"和"秩序"分别指什么,以及二者"组合之后又具有什么新意"的角度来做出具体阐释,得出与韦森既相似又有所不同的"制序"内涵。

1. 制度

(1) 制度定义

什么是制度?"制度"在《词源》中的释义是:①法令礼俗的总称。②指规定、用法。在《辞海》中的释义是:①要求成员共同遵守的、按一定程序办事的规程或行动准则。②在一定的历史条件下形成的政治、经济、文化等各方面的体系。

国内外学者也从不同的角度对"制度"做出自己的理解。如诺思把制度看作一种规则或规范。认为:"制度是一系列被制定出来的规则、守法

---

① 韦森:《文化与制序》,上海人民出版社 2003 年版,第 7 页。

程序和行为的道德伦理规范,它旨在约束追求主体福利或效用最大化利益的个人行为。"① 旧制度主义的代表人物康芒斯把制度解释为集体行动或社会互动。认为:"如果我们要找出一种普遍的原则,适用于一切所谓属于制度的行为,我们可以把制度解释为'集体行动控制个体行动'。"② 所谓"集体行动",有两种基本形式:一是组织起来的集体(康芒斯称之为"运行中的机构")所进行的交易活动;二是个体行动者(包括个人和个别公司或组织)之间所形成的互动过程(interaction)。二者对个体行动具有控制、解放和扩张的作用,或如康芒斯所说的制度就是"集体行动抑制、解放和扩张个体行动"③。亨廷顿把制度看作一种行为模式,认为:"制度就是稳定的、受珍重和周期性发生的行为模式。"④ 拉坦把制度看作一种特定的组织,他认为:"人们常常将制度与组织区分开来。一种制度通常被定义为一套行为规则,它们被用于支配特定的行为模式与相互关系。一种组织则一般被看作一个决策单位——一个家庭、一个企业、一个局——由它来实施对资源的控制。就我们的目的而言,这是一种没有差别的区分。一个组织(例如一个家庭或一个企业)所接受的外界给定的行为规则是另一组织的决定或传统的产物,诸如有组织的劳工,一个国家的法院体制或一种宗教信仰。"⑤ 罗尔斯把制度看作一种规范化、定型化了的正式行为方式与交往关系结构,认为:"我要把制度理解为一种公开的规范体系,这一体系确定职务和地位及它们的权利、义务、权力、豁免等。"⑥ 李建德把制度看作人类社会中的共同信息,他认为:"制度是人类社会中的共同信息。只有经过社会化的过程,个人才能获得这些信息,把社会的共同信息内化为各个人的行为规则。遵循这些行为规则,就能建立起人们相互作用的稳定结构,减少社会中的个体在决策时的不确定性。人类个体通过共同信息

---

① [美]诺思:《经济史中的结构与变迁》,陈郁、罗华平译,上海人民出版社1994年版,第225—226页。
② [美]康芒斯:《制度经济学(上)》,于树生译,商务印书馆1962年版,第86页。
③ 同上书,第92页。
④ [美]亨廷顿:《变化社会中的政治秩序》,王冠华等译,生活·读书·新知三联书店1989年版,第12页。
⑤ [美]拉坦:《诱致性变迁理论》,转引自[美]科斯《财产权利与制度变迁——产权派与新制度经济学派译文集》,刘守英等译,上海人民出版社1994年版,第329页。
⑥ [美]罗尔斯:《正义论》,何怀宏等译,中国社会科学出版社1988年版,第50页。

而使合作关系得以形成，并把个人组织成社会，以有组织的整体来更为有效地适应稀缺的环境世界。"① 凡勃伦把制度理解为"思想习惯"和"流行的精神状态"。他认为："制度实质上就是个人或社会对有关的某些关系或某些作用的一般思想习惯；而生活方式所由构成的是，在某一时期或社会发展的某一阶段通行的制度的综合，因此从心理学的方面来说，可以概括地把它说成是一种流行的精神态度或一种流行的生活理论……说到底，可以归纳为性格上的一种流行的类型。"②

以上对制度的界定，是出于理论研究的需要，从不同学科、不同领域和不同角度对制度做出的具体理解。在这些理解当中，"制度是一种规则或规程、规范"的观点得到了基本认同。如日本学者青木昌彦认为，"制度是社会的博弈规则，或更严格地说是人类设计的制约人们相互行为的约束条件，用经济学的术语说，制度是定义和限制个人的决策集合"。③ 德国和澳大利亚的两位德裔学者柯武刚和史漫飞在其合著的《新制度经济学：社会秩序与公共政策》一书中认为：制度是由人制定的规则，它们抑制着人际交往中可能出现的任意行为和机会主义行为。这种理解基本继承了诺思的"制度"含义，诺思这一制度定义在新制度经济学圈内流传很广，门徒甚多，包括舒尔茨等大多数西方学者，还有盛洪、张曙光等中国学者，他们对制度的定义都未越出此范围。诺思的制度定义最有价值的地方是他抓住了"行为规则""博弈规则"这一关键。

（2）制度分类

从不同角度来划分，制度分为不同的类型。从其表现形式来看，可分为正式制度与非正式制度；从其实施方式来看，分为自觉认同性（非强制性）制度与强制性制度。

按照表现形式来划分，制度可分为正式制度与非正式制度。正式制度一般表现为有形的、成文的规章、规范，主要依靠国家或所在组织的强制力来保证实施；非正式制度是人们在长期交往中无意识形成的，一般表现

---

① 李建德：《经济制度演进大纲》，中国财政经济出版社 2000 年版，第 142 页。
② [美] 凡勃伦：《有闲阶级论——关于制度的经济研究》，蔡受白译，商务印书馆 2002 年版，第 139 页。
③ [日] 青木昌彦：《什么是制度？我们如何理解制度？》，周黎安等译，《经济社会体制比较》2000 年第 30 期。

为不成文的或无形的非正式约束、非正式规则，主要依靠社会舆论或者社会成员自律等"软约束"起作用。非正式制度主要包括伦理规范、道德观念、风俗习惯、意识形态等因素。诺思从经济的领域区分了正式制度和非正式制度，也可以给我们一些借鉴。他认为："制度可分为正式制度与非正式制度：正式制度是指人们自觉发现并加以规范化和一系列带有强制性的规则。正规规则包括政治（及司法）规则、经济规则和合约。这些规则可以作如下排序：从宪法到成文法与普通法，再到明确的细则，最终到确定制约单个合同，从一般规则到特定的说明书。非正式制度包括行为准则、伦理规范、风俗习惯和惯例等，它构成了一个社会文化遗产的一部分并具有强大的生命力。"①

按照实施方式来划分，制度可分为自觉认同性（非强制性）制度与强制实施性制度。马尔科姆·卢瑟福在综合新老制度主义的观点后认为："制度是行为的规律性或规则，它一般为社会群体的成员所接受，它详细规定具体环境中的行为，它要么自我实施，要么由外部权威来实施。"自我实施的制度，是制度能够得到行为主体把制度或者规则"当作自己行动的理由和动机"，并自觉主动地"认同和信任"，无须通过对违规者实施惩罚来强制人们遵守它。强制性实施的制度刚好相反。由于制度规则无法得到人们的认同和信任且主动遵守，所以，制度的实施主要是依靠国家机器等强制性权力来实现。

另外，制度还有"内在制度和外在制度、显性制度与潜规则"等分类方法，但鉴于本书的需要，只从以上两个方面加以介绍。

2. 秩序

（1）定义

"秩序"又是指什么呢？《现代汉语词典》中秩序的定义是，"有条理、不混乱的情况"。英文词是"order"，在《英汉大词典》中，作为名词形式，"order"的含义被归纳为很多种。概括说来，秩序表示的是一种在规则基础上形成的稳定状态、样态或情势。

---

① ［美］诺思：《制度、制度变迁与经济绩效》，刘守英译，生活·读书·新知三联书店1994年版，第64页。

"'秩序'一词最早可能出自西晋文学家陆士衡之笔"①,他在其著名的《文际》一文中提出了"秩序"一词。此后,"秩序"一词开始被广泛应用于包括政治、经济和日常生活的社会各个领域,并成为反映社会生活有序性的一个基本范畴。"在古汉语中,'秩'和'序'合有常规、次第的意思。《诗·小雅》示'宾之初筵,左右秩秩'。'是日既醉,不知其秩'。这里所谓的'秩',即为常规。'序'通常是指次序。据东汉经学家郑玄论释:'序,第次其先后大小。'古人所云的'吉有序''长幼有序'或'以岁时序其祭祀'等,均是指这种含义。可见,'秩'和'序'在古代同是对某种有规则状态的概括。"②

尽管"秩序"一词由来已久,但是人们对其内涵尚无统一而明确的认识。罗马哲学家奥古斯丁在《论上帝之城》一书中指出:"秩序就是有差异的各个部分得到最恰当的安排,每一部分都安置在合适的地方。"③ 据英国社会学家科亨的概括,"西方学者对秩序范畴理解大体有以下几种意见:①社会的可控性,即存在于社会体系中的各种调控因素,包括限制和禁止性因素等。②社会生活的稳定性,如某社会持续地维持某种状态的过程。③行为的互动性,这是指人们的行为具有相互引起、相互补充和配合的特点,因而不是偶然的、无序的。④社会活动中的可预测因素,因为在无序状态中,人们便无法预测社会活动的发展变化,难以进行各种活动"④。在现代的复杂科学中,序又是一个系统范畴,"凡是有序,总显示出某种规则;而无序则总显示为无规则"⑤,"序的概念内涵十分丰富。序的概念展开,涉及系统研究的许多基本内容。空间序,即意味着系统的结构;时间序,即意味着系统演化;功能序,则意味着系统的机理。实际上,'序'是一种规律性。从这种意义上讲,所有科学研究,也都在寻求某种客观之序"。⑥

秩序既存在于自然界,也存在于人类社会中,但一般说来,秩序都是

---

① 邢建国、汪青松等:《秩序论》,人民出版社1993年版,第2页。
② 法律教材编辑部:《西方法律思想史资料选编》,北京大学出版社1983年版,第91页。
③ [英]科亨:《现代社会理论(英文版)》,转引自邢建国、汪青松等《秩序论》,人民出版社1993年版,第2页。
④ 王兆强:《两大科学疑案:序和熵》,教育出版社1995年版,第13页。
⑤ 同上。
⑥ 沈湘平:《理性与秩序——在人学的视野中》,北京师范大学出版社2003年版,第10页。

作为人类社会中人与人之间关系范畴而出现的,它作为一个反映社会政治、经济和日常生活有序性的基本范畴,是人类行为方式的一个重要特征,是社会生存与发展的基本条件,是社会的结构要素之一。任何人类社会都是在一定的秩序轨迹上运行着的。

(2) 秩序分类

从不同角度来划分,秩序分为不同种类型。从构成方式来看,秩序分为习俗秩序、道德秩序、制度秩序;从维持方式来看,分为强制型秩序和合作型秩序;从主导层次来看,分为中心秩序、边缘秩序。

秩序从构序方式上分为习俗秩序、道德秩序、制度秩序。秩序离不开规则和规范,一定的社会秩序总是同一定的行为准则相联系的。根据秩序建立"基础——规则和规范"性质划分,主要分为"习俗秩序、道德秩序、制度秩序"[1]。习俗,即风俗习惯,是人们在社会生活中历史地、自发地形成的。而且,一旦某种行为方式演化为习惯之后,就会成为一种自动机制,对人们的行为起着导向和调控作用,并形成一种自发的秩序,长时间地影响人。不同文化区域的风俗习惯不同,习俗秩序也表现为不同的特点。习俗秩序产生于原始社会,并且是奴隶社会秩序的重要类型,现在在人们的日常生活中起着较为明显的作用。道德秩序,是社会生产力不断提高,人类逐渐摆脱蒙昧状态、形成"是非善恶"观念的产物。它"是以善和恶、正义和非正义、公正和偏私、诚实和虚伪等道德尺度来评价人们的各种行为,调运人们之间的相互关系,因而与人们的道德判断相联系,具有高尚与卑贱之分"[2]。制度秩序,是伴随着生产力进一步提高,社会分工不断加强,人与人之间的交往不断扩大而产生的。它是一种"以正式规章制度、规则来调整组织中每一角色的行为及其相互关系,使之进入一种特定的有序状态"的秩序类型。制度秩序是一种使人们的行为有序化、规范化、更为完善的秩序模式,并与现代化社会相适应。

秩序从维持方式上分为强制型秩序和合作型秩序。强制型秩序是利用强力来维持的,各行为主体屈服于某种控制权力,表现出对秩序的服从。合作型秩序中,各行为者之间是平等合作的关系,且表现出对秩序的主动

---

[1] 邢建国、汪青松等:《秩序论》,人民出版社1993年版,第2页。
[2] 同上书,第11页。

承认、自觉认同和信任。早在13世纪、14世纪，意大利学者巴托鲁斯的"法则区别说"中把法则区分为"令人喜欢的"与"令人厌恶的"法则，也是从这个意义上做出的区分。

秩序从主导层次上分为中心秩序、边缘秩序。按照在一个共同体中秩序起作用的地位不同，区分为从中心到边缘逐级递减的"中心秩序—边缘秩序"多层次丰富体。现代社会的共同体中，由于习俗秩序、道德秩序、制度秩序等秩序类型不断演进，在横向维度上表现为几种秩序类型的并存，按照它们在同一社会中起作用的地位不同，存在中心秩序和边缘秩序之分。

另外，秩序的类型还有诸如"内部合作演生、内部强制形成、外部合作赋予和外部强制赋予"的划分，以及"显性秩序和隐性秩序"的划分，等等。这些类型划分基本上是在上述类型基础上演绎而来的，基本一致。

现代社会，制度和秩序的发展都存在共同的趋势。即日益趋向于以"公共"的名义，而不是"私下"的名义寻求制度与秩序的承认和支持；趋向于以"认同"的方式、自觉选择的方式、"内部衍生"的方式，而不是"强制"的方式、暴力的方式建立制度与寻求秩序。

基于对"制度"和"秩序"含义的分别理解及其发展趋势的整体把握，本书中"制序"内涵可以从以下几个角度作以界定。

第一，"制序"是什么？

"制序"中的"制"，即"制度"。一方面指正式的、成文的、有形的制度；另一方面是指能够得到人们自觉认同和信任的制度。不包括习俗和道德，也不意指"依靠暴力"执行的制度。

"制序"中的"序"，即"秩序"。一方面指制度秩序，不包括习俗秩序和道德秩序，"人类社会秩序则是人与人之间关系的制度化和规范化"；[①] 另一方面是指能够得到人们自觉认同和信任的秩序。

由此可以看出，本书关于"制序"中"制度"和"秩序"的理解，与韦森的定义有所不同。韦森的制序其含义包括制度、惯例、习俗等，包括"个人的习惯、群体的习俗（自发的社会秩序）、惯例（非正式约束）、

[①] 邢建国、汪青松等：《秩序论》，人民出版社1993年版，第11页。

制度（正式约束）"形成的序；本书中只指"以正式制度形成的序"。因此，韦森的制序化是指"从个人的习惯到群体的习俗（自发的社会秩序），从习俗到惯例（非正式约束），从惯例到制度（正式约束）"三个阶段之间如何演变的过程；而本书只关注一个阶段"如何通过正式制度形成秩序"。但并不是说，本书完全不重视习俗和惯例对制度的影响，只不过把习俗和惯例秩序是作为次一级的非中心、非主导型秩序，它们对制度秩序仍具有着重要的、不可抹杀的影响，通过作为边缘的秩序环境来影响居于中心的"制度秩序"的形成来发挥作用。

所以，本书中的"制序"是"以制致序"，即以"正式的制度"来形成人们"自觉认同的'公共'的秩序"。

第二，"制序"不是什么？

"无制之序"和"有制无序"都不能达到"制"与"序"双方的"公共与自觉认同"要求。

无制之序，则序不"公共"，继而不长久、不稳定。之前说过，序的形成包括很多方式——以经验、常识、习俗、习惯、道德都可以形成的秩序。习俗和"道德"[①] 是在个人或者少数人的小团体中，以及小地域、短时间中可以得到承认并能作为一定行为准则。如果团体改变、空间地域改变、时间改变，人们的习俗和道德就会随之发生改变。所以，以习俗和道德形成的秩序就会不长久、不稳定，经常发生改变，无法成为"公共"名义下的秩序，因而无法适应人们在空间、时间领域上日益扩大的社会交往以及社会分工的要求，长此以往，也就没有了"序"。

有制无序，则"制"不能得到"自觉认同"，因而"制"不真实、不能真正发挥作用。人们经常会有这样的疑问：有"制"怎么会没有"序"呢？一般说来，只要存在正式制度，再加上正式制度一定是得到国家或者政府部门的权力保障的特性，制度即使不能得到人们的主动认同和自觉遵守、成为人们行为动机的自觉选择，也会依靠国家机器的力量来强制执行，也会在一定时间内、一定范围内形成一定程度上的秩序。但是，本书中所取的是"序"的主动自觉被选择之意（这与本书中"制序"的本质

---

① 这里的道德是指"私德"，不包括"公德"，在一般上认为，公德属于公共秩序范畴。

是"公共理性"有关，后文有述），因此，这种依靠暴力的秩序，难以长期存在下去，并且难以得到持续扩展，相反会逐渐萎缩。即使有秩序也是一种假秩序，表现为无视正式制度的存在，总是寻求正式制度之外的潜规则，因而无法实现真正的制度目标和制度价值，不能真正地发挥制度的作用①。

可以这样明确地说，在西方"制度"与"制序"是统一的，西方的"制度"本身就内含有一种主动被遵守并形成秩序之意。因为，西方社会本身就是一个制序社会，是以制度来治理社会的典型。也许这就是韦森把"institution"翻译成中文的"制序"而不是"制度"的原因之一。因为在中国"制度"的含义中不包含"自觉地主动地遵守制度并形成秩序，以及在此过程中形成制度交往理性"的意思。因此，在中国为了区别"制度"和"制序"，笔者使用了不同的词汇。也许有人会问，那为什么不用"好的制度"或者"被贯彻执行的制度"来代替呢？原因有二。一方面是用词过于烦琐；另一方面是中国人所认为好的或者被贯彻执行的制度，这种执行也有主动和被动之分，因而也有能否形成秩序之分（主动就有秩序，被动就没有秩序）。所以，把"主动自觉遵守、好的、被执行并形成一种秩序"诸多内涵，都集中用一个词"制序"来表达更为精当。

因此，"制序"概念的提出，不是为了标新，而是因为它确实有着其他概念所无法涵盖的意义。

（二）教育制序的内涵

教育制序内涵的理解，是在制序内涵理解的基础上顺理成章的事情。教育制序是制序的亚层次概念。因此，根据制序的定义延伸而来，"教育制序"是"教育制度"和"教育秩序"的结合；教育制序的内涵是指以"正式的教育制度"来形成人们自觉认同的"公共"的教育秩序。

---

① 需要指出的是，有"制"是否就能形成"序"，在东西方国家有所不同。东西方国家的"理"之内涵不同，西方的"理"是指规则，东方的"理"是事理、情理，所以，西方在公民理念上就是主动选择规则的，基本能达到对制度（这里的制度是抽象意义上的，不是指某一项具体制度）的认同。因此说，在西方的"institution"，也就是以前我们经常翻译成"制度"的，本身就含有秩序的意思（这也是为什么在后文中会经常引用"制度"的经典话语来论证"制序"问题，在西方，制度本身就内含有秩序之意）。但是，基于东方的"理"是事理、情理的考虑，在东方"制度"并不同于"制序"，故在我国背景下"制序"的使用更有必要，这也是韦森把"institution"翻译成中文"制序"而不是"制度"的重要原因。

什么是教育制度，仍然是制约理解教育制序内涵的关键。因此，需要对教育制度加以明确界定。虽然我国学者对"什么是教育制度"有不同的见解，如《中国大百科全书·教育》和《辞海》中关于"教育制度"的第一个定义，即教育制度是"根据国家的性质制订的教育目的、方针和设施的总称"。成有信曾对此定义进行辨析，指出"该定义把教育制度泛化了，泛化到了教育的精神方面（教育目的和教育方针属于教育思想范畴）和教育的物质方面（教育设施属于教育的物质范畴），而唯独没有抓住教育制度的本质属性各种教育机构系统的总称"。[①]《中国大百科全书·社会学》用的英文是educational institution，指"一个社会赖以传授知识和文化遗产以及影响个体社会活动和智力增长的正式机构和组织的总格局"[②]。顾明远主编的《教育大辞典》用的英文是educational system，指"一个国家各种教育机构的体系。包括学校制度（学制）和管理学校的教育行政机构体系"[③]。

对教育制度内涵的不同界定反映了人们对教育制度内涵理解的不同角度和视野。本书基本上取"教育制度是教育活动中人们基于自身的利益进行博弈产生的行为规则"之意，即"教育制度"是一种博弈规则。教育制序就是指以"正式教育制度"（博弈规则）来形成人们"自觉认同的'公共'的教育秩序"。具体说来，教育制序有着其他概念所无法涵盖的特殊意义。表现为以下方面。

第一，教育制序不同于"教育制度"。教育制序首先是一个关系范畴，是教育活动中各因素之间以规则为基础的基本结构和秩序的表达方式，更多地指各因素的排列组合的基本样态。因此，教育制序是对以规则（制度）为基础的教育秩序的分析，而不是单纯分析制度、政策等。因此，教育过程中"无制之序和有制无序"都行不通，在概念的使用上，也要注意教育制序与教育体制、教育行为规范、教育制度、教育政策之间的区分。

第二，教育制序不同于"制度化教育"。"制序"是"制度"和"秩序"的结合；是"由制度调节着建立起来的秩序"。这一概念乍一听起来

[①] 黄济、王策三：《现代教育论》，人民教育出版社1996年版，第255—256页。
[②] 《中国大百科全书·社会学》，中国大百科全书出版社1991年版，第119页。
[③] 顾明远：《教育大辞典·第1卷》，上海教育出版社1990年版，第68页。

与"制度化"有某些相似之处。因此,在这里必须澄清本书用"制序"而不是"制度化"的原因。在"制序"社会中,起核心调节作用的是制度,而且这种调节是一种人们的主动选择和自觉遵守,绝不是强制和压迫下的遵守。而"制度化"从一般意义上说,其目的也是建立起以制度为调节机制的社会秩序,但这种调节并不一定是人们的主动选择和自觉意识,也可能是通过强制、压迫等手段来实现的,所以有可能最终导致表面是以"制度"来作为核心调节机制,而暗中却以其他方式,如人情、关系等潜规则为调节机制的。在此意义上,教育制序不同于"制度化教育"。另外,"制度化教育"也是陈桂生先生非常关注并有论述的研究领域和具有独特内涵的概念,它是相对于没有形成一定规章制度的社会教育而言的。如今制度化教育内涵已经扩展,也指以一定制度为基础发展教育的形式,却有教育制度对教育造成了机械和僵化影响之意,因此本书中为了明晰概念,避免造成歧义,选择运用了"教育制序"。

第三,"教育制序"不着重于政治意识形态的内涵。在中国社会现实中,一提到"教育制度",总是与国家的政策方针联系起来,体现掌权阶级的教育意志和需要,是国家意识形态的代名词。而本书中"教育制序"一词主要体现其关系层次的含义,即一定的教育规则体系、因素的排列组合基础上的教育活动的式样、状态,从而减少了意识形态化的倾向。

第四,"教育制序"突出其与文化相联系的层面。"制序"是"制度"和"秩序"的结合,是"由规则、制度调节着的建立起来的秩序"。以"教育制度为核心的教育秩序"即教育制序的形成,是一个与文化同构的过程,即"文化与广义的社会制序在社会过程中基本上是同构的:文化是社会制序的镜像,而种种社会制序则是文化在现实社会过程中在其形式上的固化、凝化、外化和体现"[1]。有了制度,能否形成制序,就与一定社会的文化具有重要的联系。本书探讨如何形成中国语境下的教育制序,就需要考虑中国的文化传统和社会习俗,进而契合本书的研究宗旨,意图使教育"制序"研究本土化、中国化。

教育制序的内涵释义为教育制序发展理路的理解奠定了基础。教育制

---

[1] 韦森:《文化与制序》,上海人民出版社2003年版,第32页。

序发展理路,是教育制序与学校教育发展理路二者相结合的产物。如前文所述,学校教育发展理路是关于何为推动教育活动发展核心动力的理论思路与进路,是对"教育活动主要依靠什么来培养人"的理论抽象与逻辑概括,其对应的现实问题是"教育活动主要以什么为着力点来培养人"。因此,教育制序发展理路,就是指"学校教育活动主要依靠教育制序来生成人"的思路与进路。进一步说来,是指学校教育主要依靠以"正式的教育制度"来形成人们"自觉认同的'公共'的教育秩序"来实现"人的生成"的教育发展思路。至于教育制序理路究竟依靠何种教育制度,以何种教育原则,如何来实现教育培养人中"社会性自我"与"个体性自我"的有机结合生成"主体间性自我",会在后文详细论述。

二 教育制序的本质

这一部分要在分析"制序的本质是公共理性"的基础上,指明"教育制序的本质是教育公共理性"。

"公共理性"(public reason)是来源于政治学并扩大到社会学各个"公共领域"的理性概念。康德曾经对理性做出"公开使用"和"私下使用"的区分。哈贝马斯在《公共领域的结构转型》一书中,详尽论述了"公共性"的概念,并把"公共性"作为核心范畴来把握"公共领域"的复杂结构。作为制度范畴,哈贝马斯认为"公共性具有'理性'标准和'法律'形式"[①]。之后,这一概念便成为他的交往理论的一个重要支撑点。罗尔斯也对公共理性做出过相关论述。"公共理性是一个民主国家的基础。它是公民的理性,是那些共享平等公民身份的人的理性,他们的理性目标是公共善,此乃政治正义观念对社会基本制度结构的要求所在,也是这些制度服务的目标和目的所在。"[②]综上所述,公共理性的含义基本可以展现出来。公共理性是指为了公共的目的,在公共领域中通过程序规则来实现公共利益的理性。具体可以从以下几个方面来理解。

(一)公共理性的"合理性"属性

第一,公共理性不是个人理性。个人理性是私人生活领域里的理性,

---

① 刘建成:《哈贝马斯的公共性概念探析》,《教学与研究》2004年第8期。
② [法]卢梭:《社会契约论》,何兆武译,商务印书馆2003年版,第225页。

这种理性的特点是从个体出发来寻求理性的普遍性。一方面，个人所寻求的理性要求是从个人意志、愿望出发的个人利益的"完全实现"；而公共理性却不是各个原初"个人理性"的简单相加，是在牺牲某些个人利益的基础上的"重叠共识"（罗尔斯语），公共理性"满足于他对别人所拥有的自由和他允许别人对于他自己所拥有的自由一样多"① 而自愿放弃某些个人利益。另一方面，个人理性是作用于个人领域的理性，主要通过某些个人的感情、爱和个体智慧等手段来实现，因为人的"感情、爱和个体智慧"具有选择性、时间性和空间性的限制，不可能是对所有人的"公共用品"，也因此不能达致"公共领域"的所有人。如果用个人理性作用于"公共领域"，必然陷入片面的庸俗。

第二，公共理性不是绝对理性。人类理性的自由运用不可能像近代科学发现普遍唯一的真理那样，产生单一一致的、普遍的绝对理性。多元与多样使人们放弃了传统理性中那种普遍追求绝对理性的观念，不再认为世界存在放之四海皆准的理性标准，主张多元价值并存，追求多元中的一致。"多元的一致"与"单一的一致"是不同的。"单一的一致"是一种理性压迫，要求人们绝对服从；"多元的一致"注重差异中的和谐一致，是相互妥协达成的合作。正如在政治生活中，"它并不要求所有公民出于相同理由而同意，它只要求在相同的公共协商过程中公民能够持续合作与妥协"②。

第三，公共理性不是后现代无理性——公共理性不是激进的"怎么都行"，毫无章法。在后现代的纯粹多元和无理性当中，认为不存在一种合乎理性的原则和方法，人们可以任意、随意地"没有标准地选择"。实际上，如果只是多样性而没有某种公共性，人类就无法发展甚至生存。可以肯定地说，"愈是文化多样性和价值多元化将成为'正常'乃至'正当'的社会，愈是有必要寻求一种公共性，否则，一种缺少公共观念的多元化——将慢慢消解社会的根基"③。

---

① ［英］托马斯·霍布斯：《霍布斯英文著作集》（第3卷），转引自苗力田、李毓章《西方哲学史新编》，人民出版社1990年版，第292—293页。
② ［美］詹姆斯·博曼：《公共协商和文化多元主义》，陈志刚、陈志忠译，《协商民主》，上海三联书店2004年版，第87页。
③ 何怀宏：《公共哲学探索》，《哲学动态》2005年第8期。

所以说，公共理性是为了公共的目的，在公共领域中通过程序规则来实现公共利益和公共善的理性。公共理性是解决多元与共识这一人类基本矛盾的合理方式，是一种"重叠共识"与理性的公开运用并达致"公共性"的理性方式。

(二) 公共理性的"合规则"属性

公共理性是公共领域中的理性，公共理性在公共领域中通过公共交往来实现。沈湘平先生认为"人类社会秩序又可以分成类秩序、群体秩序和个体秩序三个层次"①，人类社会中的交往分为个体交往和群体交往和公共交往。"个体交往"不是公共领域的交往是显而易见的，但是"群体交往"并非都是"公共交往"却需要深刻体察。有的交往虽然在群体当中进行，却是由依靠个人权威、地位和权力来维系的，只不过活动空间表现在群体当中而已，其实质是在群体当中的"个人交往"。由于这种交往的不易觉察性以及与"公共交往"的易混淆性，所以更应该警惕把这种交往方式当作"公共交往"。

公共理性通过公共交往来实现，更确切地说，必须诉诸交往"规则"和"规范程序"。对康德而言，公共关系法则的特征首先是程序性的，而不是实体性的，它的目的就是厘定竞争的规则。在公共领域中依照人人平等的原则运转，在程序里，不忽视人与人之间的差异，力求平等地对待所有人，而不强求平等。亚当·斯密就认为，在公共领域中，公共的交往紧紧依靠提供内部的安全保障并主持正义，还有建立并维持某些公共机关和公共工程，在今天看来是远远不够的，必须提供一种规范性的保证。当代的"公众家庭"之所以不像一个共同体，主要是因为缺乏界定共同利益之规则，即缺乏一种正义的程序设计。

公共交往中的程序和规则来源于契约理论②。霍布斯的社会契约理论认为，人们在订立契约之前，处于自然状态中。所谓"自然状态"就是在国家产生之前或国家之外的状态。在这种状态下，由于没有公共权力约束大家，人们完全按照自己的本性而生活和活动。各个人具有对一切东西的

---

① 沈湘平：《理性与秩序——在人学的视野中》，北京师范大学出版社2003年版，第10页。
② 参见苗力田、李毓章《西方哲学史新编》，人民出版社1990年版，第292—293页。

权利,甚至对彼此的身体也是这样。因此人们肆无忌惮地去占有一切,不惜残害别人的生命。按霍布斯的说法,这个出路仍然要在人的本性中去寻找:"这一方面要靠人们的激情;另一方面要靠人们的理性。"① 人们的激情或情感使得人们倾向于和平,畏惧死亡,向往舒适的生活;而理性则给人们提示"自然律"。"自然律是理性所发现的戒条或一般法则。"② 第一条是"寻求和平,信守和平",第二条是要求人们为了和平和安全,"会想到有必要自愿放弃这种对一切事物的权利;他应该满足于他对别人所拥有的自由和他允许别人对于他自己所拥有的自由一样多"③。也就是说,一个人放弃了自己的权利,并不是给了别人比原来更多的自由,而是退让开来,让这个人不受妨碍而享受其原有的权利。"权利的互相转让就是人们所谓的契约"④,契约即是人们公正利益的保障。

交往规则的最高保障形式,即契约的最高保障形式是法律形式。"法律状态是指人们彼此的关系具有这样的条件:每个人只有在这种状态下方能获及他所应得的权利。按照普遍立法意志的观念来看,能够让人真正分享到这种权利的可能性的有效原则,就是公共正义。公共正义可以分为保护的正义、交换的正义和分配的正义。在第一种正义的模式中,法律仅仅说明什么样的关系在形式方面内在地是正确的;在第二种正义的模式中,法律说明什么东西在涉及该对象时同样是外在地符合法律的,以及什么样的占有是合法的;在第三种正义的模式中,法律通过法庭,对任何一具体案件所做的判决,说明什么是正确的,什么是公正的以及在什么程度上如此。"⑤ 所以说,最高理性的权力保障,从某种意义上说,要上升为一定的法律法规形式。

由上述可见,制序的本质是公共理性,只有制度,而不能形成自愿的、主动自觉的秩序,人们无法形成公共理性;只有习俗的、道德的秩序,没有公共名义的秩序,也无法形成公共理性。公共理性只有在公共领

---

① [英]托马斯·霍布斯:《利维坦》,黎思复、黎廷弼译,商务印书馆1996年版,第96页。
② 同上书,第97页。
③ [英]托马斯·霍布斯:《霍布斯英文著作集》(第3卷),转引自苗力田、李毓章《西方哲学史新编》,人民出版社1990年版,第292—293页。
④ [英]托马斯·霍布斯:《利维坦》,黎思复、黎廷弼译,商务印书馆1996年版,第100页。
⑤ 何怀宏:《公共哲学探索》,《哲学动态》2005年第8期。

域通过公共交往才能实现，而这种公共交往只有通过程序规范和规则的形式才能够达成。所以说，公共理性、交往理性、制序理性（制度交往理性），三者具有内涵上的一致性。

制序的本质决定了教育制序的本质，即教育制序的本质是教育公共理性；从这个意义上说，教育制序发展理路，扬弃了通过绝对理性与个人理性来生成人的思路，而规定了教育发展通过教育公共理性来生成人的主体间性，协调处理"社会性自我"与"个性自我"之间矛盾关系的思路和进路。

三 教育制序的特征

教育制序具有历史与现实相统一、"为人"与非人格相统一、宽容性与规训性相统一、自生自发与建构性相统一、有限理性与绝对选择相统一的特征。

（一）教育制序是历史与现实的统一

从发生学来看，制序是一个历史性产物，不同历史时期教育制序关注的"公共性"不同。早期教育制序注重教育意识形态上的公共性；之后是教育体制细节、环节上的公共性，现在教育制序关注的是在公共规则自觉选择基础上的公共性。韦森在介绍"经济制序"演变历程的时候，认为"经济制序"演进过程经历了制度、体制、制序三个阶段。一是制度（regime），即社会制度或大制度，时间为中华人民共和国成立初期到20世纪70年代末，主要以意识形态制度为理论基本框架，集中于研究政治经济学理论范式。二是体制（system），即小制度或比较经济体制阶段，时间为20世纪80年代初到90年代初。随着东欧改革经济学理论的引进，中国经济理论研究的焦点在"体制"。三是制序（institution），即建制、制度、规制、秩序，如哈耶克的"自发社会制序"阶段，时间为20世纪90年代至今。20世纪90年代以来，随着产权经济学尤其是新制序学派的科斯、诺思、阿尔钦、德姆塞茨、威廉姆森、巴泽尔等学者学说的引入，中国经济理论研究的焦点转移到了"制序"上。中国经济理论研究发展演进的三个阶段标志着中国社会本身发展进程的三个阶段，同时也与学校教育活动中教育制序的发展进程是一致的。

教育制序经历了制度、体制阶段，直至现阶段发展成为制序规则的培育。在教育制序发展的"制度"阶段，其主要任务是建构一种人为的行政控制的教育模式，主要集中在教育是社会主义性质还是资本性质的教育，应学习苏联的凯洛夫教育学还是学习西方杜威教育理论等问题上；教育制序发展的"体制"阶段，主要任务在于改革人为的行政控制教育模式为关注细节，注重发展具体的教育管理制度和环节，如学科制度、财政制度、行政管理制度等。而在如今教育制序发展的规则阶段，主要是培育和发展教育内部的基本制度，形成内生与自发的教育制序，从而形成真正的以"制"致"序"，来妥当处理"社会性自我"与"个体性自我"的矛盾关系，依靠"自发"和"内生"力量并关注制序的型构和成长，是历史与现实的统一。如果说教育制序发展第一阶段是大制度阶段，注重政治意识形态对教育发展和培养人的控制和影响；教育制序发展第二阶段教育体制阶段，注重小细节的完善对教育的影响；那么，教育制序发展的第三个阶段就是制序规则阶段。制序是人自身的一种选择，是一种内生，是以制序公共理性为核心建立起来的教育秩序，从而按照制序公共理性来生成全面发展的人。

（二）教育制序是"为人"与非人格化的统一

教育制序的目的是"为人"。制序作为一种被主动选择的规则系统，是人类文明社会的一种公共生活的保障，这种规则从创设之日起，其终极的价值目标便是人的充分发展，体现和促进人的能力的发挥和发展。制序作为人类社会制度秩序，"其终极目的是对个人自由权利的真实关怀，是对最大多数人根本利益的关怀。因此，我们不是为民主而民主，为法治而法治……其最终目的是为了大多数人的根本利益"[①]。教育制序"为人"，是由教育自身的任务决定的。通常意义上，按照新制度主义的观点，恰当的教育制度是极重要的教育资源，它能够"降低教育中的交易费用，减少教育成本，扩展教育利益的边界"[②]。本书认为，教育制序会影响涉及交易成本和费用的效益，是教育的边缘问题，不与教育生成人的核心任务直接

---

① 杨海坤：《宪法学基本理论》，中国人事出版社2002年版，第15页。
② 李建军：《制度与经济增长：新制度经济学的诠释和意蕴》，《理论与现代化》2004年第2期。

相关。教育的核心问题是"怎样培养生成真正的人",一个"社会性自我"与"个体性自我"兼而有之的"主体间性自我"。所以,制序必须作为一个变量深入教育怎样生成真正的人这个问题。正如新制度经济学重要的理论功绩是"将制度性因素作为一个重要的经济变量引入经济学研究之中,并且把对制度的分析纳入经济学分析的一般框架之内"一样,教育必须把制序性因素引入"教育怎样生成人",怎样处理"个性自我"与"社会性自我"之间的矛盾关系,从而最大可能地生成"真正人"。教育要利用制序的视角,却不是再一次解决和论述别的学科领域(经济学)当中最关心的"成本与效益的关系"这一核心目标。教育引入制序视角,着重关心、解决的是自己领域的核心问题——人的生成。因此,本书在教育制序的特征中提出其"为人"的特征,就是批判当前教育研究中存在的"不以人为目的"的现象——虽然名义上把"制序"引入教育领域来使用,却为别人作了注脚,解决的虽然是教育经济上的"交易成本和费用"的问题,但同样不是为教育生成人的核心目标直接服务的。所以,本书要建构的核心教育制序,是将制序性因素作为处理人的"社会性自我"与"个性自我"之间矛盾关系的变量,直接参与真正人的生成。

  教育制序又是非人格化的。现代社会发展过程经历了一个契约关系代替人身依附关系的历程。早期人格化的交往形式,由于交往面狭窄,人们"习惯性"地遵守约定俗成的行为规范,不以正式制度规则作保障,而是依靠人与人之间的相互信任及各方的人格作为支撑。所以,道德准则、价值观念等非正式制度便成为人们交往的主要约束形式,因而表现出强烈的人格特征。现代社会的交往是非人格化的交往,更确切地说,表现为一种以制序为规则的公共交往形式。这一非人格化的交往形态,是历史发展的必然产物。伴随着交往对象范围逐渐广泛,从未有过交往的陌生人也进入交往领域,人与人之间的人格化形式不能够再适应扩大了的交往,非人格化的制度形式开始成为普遍形式。非人格化交往,依赖于正式制度的约束,确立正式规则在交换中的权威,才能培育出尊重规则、崇尚平等的"制序理念"。正式的制序安排所提供的"稳定性"是非人格化交换得以发育、成长的基本条件,这是任何人格化交往都不能替代的,教育制序也因此表现出非人格化的特征。

（三）教育制序是宽容性与规训性的统一

教育制序给人的自主选择性的宽容。制序的产生便是调整多元利益需求的产物。由于社会交往的普遍化，社会共同体内规范人们行为的同一信念和价值标准日益解体，社会开始分化为各种不同的利益趋向。由于利益的分化，必然会引起契约关系的变化，具有不同利益目的的不同个体，出于保护既有利益不受侵犯以及获得新利益的需求，渴求产生一种规则上一致的契约关系，因此，制序规则是在不同利益集团相互妥协、相互订立契约的基础上形成的，必定最大限度地体现来自不同个体的不同利益和目的，继而使不同个体认为服从这一规则符合他们自己的利益要求，这样才能使人们主动去遵守它。因此，制序的"宽容性"是自诞生时就注定了的。教育制序也是如此。不同个体从总体上看具有极大的丰富性和多元化，如果要通过教育制序协调"社会性自我"与"个性自我"之间的矛盾关系，就必须体现不同的人对其不同的发展要求，展现"多元中的一致"。如果只有"单一的一致"，必然是对人性的极大压迫和控制。因此说，教育制序必须赋予人的生成以自主选择的宽容性。

教育制序也具有规训性的一面。当哈耶克的自生自发秩序理论诞生之后，制序仿佛就不能对人产生一点点约束性和规训性。具有规训性的制序，成了过街的老鼠——人人喊打。但实际上，只要制序是规范性范畴、关系性范畴，就一定同时是约束性与规训性的化身、权威性的代表。否则，制序的保障力从何体现？如若没有制序保障力，制序也就失去其自身存在的价值和意义了。教育制序的约束性、规训性对人的生成并不是像人们所想象的那样，约束性本身没有任何好处，规训就是坏事，就会压抑、束缚人的发展。正像"没有法律也就没有了自由"一样，没有规训就没有了真正的人的生成。同时，也正像某些制度经济学家所说的那样，虽然人们都认识到制度是人的有限理性的结果，也会造成现实的不自由，但这绝不违背人对有限理性的使用。也就是说，制序并不因为不能够做到完全与客观相吻合就因此而抛弃它。同样道理，在制序的约束性、规训性问题上，并不能因为制序具有约束性与规训性的一面，就认为不是好制序而抛弃它。恰恰相反，制序只有具有规训性的一面才是完整的制序，教育的发展也只有在约束性、规训性与宽容性的统一中才能培养真正的人。所以如果说"理性"是在把"理性"推到至高无上的地方摧毁,那么,"自由"则常常是在"自由"的名义下被取消的。因此,教育制序生成人必定是宽容与规训的统一。

(四)教育制序是自生自发与建构的统一

教育制序具有建构性的特征。自从哈耶克的自生自发理论诞生之后,仿佛可以建构、设计的制序理论,从此像下了地狱般罪不可赦,落得个"群起而攻之"的下场。与此同时,有些微弱的抵抗的声音,从自发的朴素的直观感觉出发来提出反驳意见:"制度难道不是人制定的吗?怎么会没有人类意识的参与设计与建构呢?"这种反驳意见来源于人们对"哈耶克在《自由秩序原理》中提出自生自发的社会秩序理论"的误解,以为自生自发就不能够有人的意识参与建构,因而也不能对制序有所作为,人类在制序中扮演了"被动"角色,又重新陷入了不可知论。事实就是如此吗?哈耶克于1967年在《哲学、政治学与经济学的研究》一书中深刻地阐述过这个问题:"个人行为的规则系统与个人依据他们行事而产生的行动的秩序,并不是同一事情。"同时,中国著名的哈耶克研究者邓正来也明确指出,"自发社会秩序的行动结构乃是经由参与其间的个人遵守一般性规则并进行个人调试而产生出来的作为一种结果的状态,而这就意味着这些行为规则系统早就存在并有效了一段时间,因此,自发秩序的行动结构并不是意指行为规则系统本身"。从中可以看出,哈耶克明确地指出,制序规则系统和秩序并不是一回事。秩序要自生自发,制度规则系统却是建构性的。因此,制度秩序便是建构与自生自发的统一。

教育制序具有自生自发的特征。教育制序的这一特征并不难理解。自生自发理论是哈耶克经济理论的精髓。他从演进理性主义的分析思路以及自发社会秩序的型构思想出发,否定最上位的"人为控制"模式,创造、提倡"自发社会秩序"。人类的最高理性,就是人们能够清楚地认识到自己理性的"有限性"。老子有言:"知不知,尚矣;不知不知,病矣。"人类的致命之处就在于"不知不知","与天斗其乐无穷,与地斗其乐无穷,与人斗其乐无穷"是其典型写照。哈耶克正是在批判"建构理性主义"①的基础上倡导自生自发秩序理论的。1966年他在东京的《自由主义社会秩序诸原则》演讲中，引用了《老子》第57章语句"我无为也，而民自化，我好静，而民自正"，并认为老子的这句话代表了其"自发社会秩序"的理论精髓。制序具有自生自发的一面，已经得到基本的认同，尊重不同利益主体的利益趋向，"自发""内生"地衍生出教育制序来，也是教育制序的理想状态。

还需要指明的一点是，教育制序具有经由自生自发的路径生发与演进而来的特征，同时也具有经由人们整体设计与建构出来的特征，并不是说存在两套教育制序系统，有的制序是自生自发的，有的制序是建构的；而是说自生自发与建构的特性同时存在于一种教育制序中，且保持其内部必要的张力。

（五）教育制序是有限性与绝对性的统一

教育制序是有限理性的。教育制序的有限理性根源于人的有限理性。诺贝尔经济学奖得主赫伯特·西蒙教授在他的"有限理性"理论中提出了"人是有限理性的"，即"有限理性"原理。因此，制序并不具有无所不能的"神圣光环"。教育制序在协调人的生成中"社会普遍性自我"与"个体特殊性自我"的矛盾关系时，并不能够达到两个方面的完全实现和完美融合，只能根据现实的教育状况来尽可能地趋向最大值，实现最大合力。那种期许"有了教育制序以及按照教育制序公共理性来生成人的理性转型后，教育发展过程中人的生成不存在任何问题，可以一劳永逸，且不再存在任何'不足'的"想法是实现不了的，那样的教育制序也永远不会存在。

尽管如此，教育制序仍然是"人的生成"中处理"社会普遍性自我"与"个体特殊性自我"矛盾关系时所不得不做出的必然选择。西蒙在提出"人的理性是有限的"之后，又进一步区分了程序理性和结果理性，并倡导注重"程序理性"。程序理性强调的是行为机制的理性，只要保证了行为程序的理性，结果就是可以接受的；结果理性则是注重结果本身，总是

---

① "建构理性主义"将"建构理性"至上绝对化，排斥其他理性，诸如"演进理性"等的存在和发挥作用。因此要注意二者的区分。

一定行为的理性，强调结果符合目标。西蒙认为，在不确定的环境下，人们由于无法准确地认识和预测未来，从而无法按照实质理性的方式采取行动，也就是说，我们能够有所作为的只有程序理性，程序理性是我们不得不做出的选择。正如有论者指出的那样，"我们别无选择，只有遵循那些……规则，而且不论我们是否能够确知在特定场合对这些'建构理性主义'与'建构理性'是不一样的。规则的遵循所能达致的具体成就，我们亦只有遵循这些规则。"① 教育培养人也必须以制序为主要着力点来进行。

综上所述，教育制序具有"历史与现实相统一、为人与非人格相统一、宽容性与规训性相统一、自生自发与建构性相统一、有限理性与绝对选择相统一"等多方面特征。由于教育制序发展理路是通过教育制序公共理性来生成人的思路，因此就要在详细考察上述教育制序特征的基础上来进行，忽略或者误读了任何一方面，都不利于"教育生成真正人"的目标的达成与实现。

---

① 湘山居士：《悲从中来，山路何在？——读哈耶克有感》，http：//www. dijin - democracy. net/content/tuijian. asp，2002 年 10 月 8 日。

第三章 教育制序发展理论的合理性追问

在教育发展理路的历史反思中凸显了制序理路，并对教育制序进行了本体解读之后，就需要进一步回答转型是否具有合理性，即为什么要进行这种转型，教育制序到底能否承担起以它为核心支点来生成人的任务，着实需要一番审察。因为试图以制序公共理性作为寻求"生成真正人"的方式，来解决现存教育中面临的人的"社会性自我"与"个体性自我"之间的矛盾关系问题，初听时似乎有些不可思议。仿佛什么时候进行"社会性自我"的"规训"、什么时候实施"个体性自我"的"自由"，是不能够通过某种"制序"形式来将其"固定化"和"标准化"的，如果"固定化"了，不又走向"僵化极端"了吗？而本书为何提出"制序"型理路呢？本章就是针对这种追问给予理论上的解答，以增强这种理路转型的深刻依据。

在这一章当中，首先从一般性的、总括性的"制序与人的发展"关系的角度给予合理性解答，说明"人的发展"与"制序公共理性"之间的关系；接着深入教育内部从"教育制序与人的生成"关系的角度给予合理性解答。本章是全书的立论根基，关系到教育制序理论能否成立以及教育制序理路的建构等多方面问题，因此要着重笔墨加以论证。

一 教育制序发展理路与人的发展：前提考察

从广义上说，制序是一个与人的发展相生相伴的过程。教育制序发展理路的确立是人类认识论发展的必然选择；是辩证法本质内涵的必然要求；是人的本质规定性的内在要义；是制序本质规定性的内在要求；是交往理论本真要义的直接启示；是人类其他实践领域的间接启示。

（一）人类认识论发展的必然选择

人类思维对实践认识的不断深化选择了"公共理性"。从黑格尔哲学到胡塞尔哲学的哲学演进；从欧洲大陆开启的绝对理性主义到20世纪后半期开始产生的后现代主义的理性演进，都为现代哲学中的一个基本标志——公共哲学的兴起和繁荣奠定了基础。人们扬弃了素朴的"经验主义"；扬弃了"高高在上的绝对理性主义"；扬弃了"怎么都行的后现代无理性"；公共哲学被历史地选择成为时代的思想精髓和理论向导。

公共哲学是历史发展的产物。一直以来，许多思想家都有类似的寻求"公共理性"或是"公共性"的努力。如近代思想家卢梭有过相近思想的阐述，康德也是如此。康德的"公共理性"和"公共正义"就是为竞争厘定一个基本而普遍的法则。在某种意义上，卢梭和康德为后来的思想家探讨公共性问题提供了两个基本的路向。卢梭试图使人们在各方面都尽量平等，以"公意"克服分立和个别的"私意"与"众意"，为公民社会树立起一个不同于以往宗教的新"神"，将个人利益和欲望、理想汇入一个统一的道德、政治和精神人格，由一种至高精神统摄和引领。康德则强调一种可以面向公众、公开运用的"公共理性"，强调一种普遍然而也是基本的遵守法则。公共哲学被作为一门学科比较明确地提出，大约始于半个世纪前美国著名思想家、政治评论作家沃尔特·李普曼于1956年发表的著作《公共哲学》，其中深刻阐述了如何诉诸公共理性的问题。当代富有影响的思想家也从不同维度对于现代性过程中的公共理性表现出极大关注，如罗尔斯强调社会制度公正优先于个体善；奥斯特罗姆揭示公共事物的治理虽然有不同发展轨迹，但关键取决于更高大层次上的制度合理供给。虽然从表面上看这些思想家的言论似乎相去甚远，但实际上却殊途同归，不约而同地将注意点聚焦于公共理性及其制度实现形式上。正像福柯启示我们"要跳出要么赞成要么反对这样一个圈套"一样，人类思维对实践认识的结果历史地选择了制序公共理性。

（二）辩证法本质内涵的必然要求

辩证地处理矛盾关系是现实经验世界的理性理想，而辩证法的本质要求制序公共理性进入推动事物发展的显性核心。制序首先是应"处理、调和众多矛盾对立范畴"而产生的。任何事物都存在矛盾对立双方，在理论上，矛盾双方的统一通过辩证法来实现。从理论实质看，所有的辩证法问题都涉及对有限规定性的超越，趋向无限的具体性。康德关于"理性超越可能经验范围在现实世界中必然陷入二律背反"的见地，无疑是极其深刻的。正是这种二律背反或矛盾，表明了理论的有限性。辩证法只能在理论上给出"既是这样又是那样"的"形而上学"式承诺。理论一旦接触到经验世界，就必然要在抽象的"有限性"和超越有限的"具体性"之间做出选择。但是，任何一种选择仿佛都是自相矛盾的，而理论是排斥矛盾的，人类从事理论活动的目的是正确地把握世界，而不是制造一大堆自相矛盾的概念。

"如果我们比照康德的说法，将理论由于试图超出自身的有限性、单一视角性，而将由多视角构成的世界整体把握于自身之内的冲动，称为理论活动的辩证法，那么，我们也可以把实践活动中通过实践整合而构成包容多视角的实践知识的行动称为实践活动的辩证法，或简称为实践辩证法。"[①] 实践辩证法的实质被理解为对多视角的整合，虽然在理论知识的构成中辩证法只具有一种消极的、否定的意义，而在实践知识的构成中，辩证法则具有了一种积极的、肯定的意义。但对于在实践活动中不同视角、不同因素之间的平衡、折中、权量，亚里士多德在其实践哲学中早就作过考察，并将之称为一种明智、审慎或实践智慧。因此，实践辩证法也就是一种实践智慧，或者说作为实践智慧的辩证法。更准确地说，实践辩证法的基本立场是，"全面兼顾的辩证"只存在于理论当中，在现实的生活中不存在"全面辩证"，任何事情的表现形式都是片面的。因此，我们能做的就是把好的一面尽量发挥到最大，尽量控制非目标的一面而已。而把"好的一面尽量发挥到最大，尽量控制非目标的一面"这样的一个过程，如果有现实对应物，那就是经过博弈产生的规则、秩序，即制序。它启示了任何活动的发展都不能忽略制序的层面，注重制序的辩证法意义。同时，又因为本书中论证的"制序"，是在超越经验主义、科学理性主义、后现代主义的基础上提出的，以开放的悖论性认

---

① 王南湜：《实践哲学视野中的辩证法问题》，《光明日报》2004年第8期。

识为起点和终点，以辩证法的基本认识为前提，制序理性的提出就在理论上避免了制度"主义式"的僵化和机械的本质肆虐，也为制序理路的提出提供了合理性基础。

（三）人的本质规定性的内在要求

亚里士多德宣称"人天生是政治的动物"。虽然亚里士多德用了"政治"一词，但实际是指人在社会中的关系型存在。马克思更是鲜明地指出，人的"自然性"（自在性）与人的"自觉性"（自为性）的矛盾构成人类存在的根本性矛盾。一方面，人是一种自觉的存在物，人总能自觉到自我的存在，并在意识中把握自身，发挥主观能动性；另一方面，人在把握包括自己在内的整个现实世界时，从中寻求有一定"规律性的东西"作为生活的依据，从而通过回顾与反思来理解和把握自己的将来。具体地说，人的本性当中就有一种"得到确定性""受到约束与规定"的渴望，而"得到确定性""受到约束"，就要通过反映一定关系之间的"规则、原则"来实现。人无法忍受"存在的虚无"，人只有在规则中才能实现自我。

马克思的人性原理启示我们，人对"规则、原则"的需求是人的本性所决定的。人们试图在规则为世界所划定的坐标中，明确自己在世界中的地位，找到人类自身的位置，安顿在这个有序的世界之中。人们"需要一种与外部关系的明朗化和确定性，以首先明白自己的所在，也就是我们常说的找准自己的位置。不明白'我在哪里''我属于什么'，就不可能有一个清晰的自我认同，那么，人就是一种焦虑、危险和不可持续的存在。人们对秩序这种需要大概就是吉登斯所谓的人的'本体性安全'的需要吧"[①]！人对"规则性"的需求，也是人类寻找自身存在价值的本性，制序也是人生意义的源泉之一。人类坚信一种"生活本身是变动不定的，但是生活的真正价值则应从一个不容变动的永恒秩序中去寻找"[②]的信念，在制序的寻求中，实现自己的社会价值和自我价值，从而度过有意义的人生。因此，哈耶克在1970年撰写的《建构主义的谬误》一文中明确提出：

---

① 沈湘平：《人学视野中的秩序》，《河北学刊》2002年第2期。
② [德]恩斯特·卡西尔：《人论》，甘阳译，上海译文出版社1985年版，第11页。

"人不仅是一种追求目的（purpose‐seeking）的动物，而且还是一种遵循规则（rule‐following）的动物。"①

（四）制序本质规定性的内在要求

人的发展的焦点在于如何在"社会性自我"与"个性自我"矛盾关系中生成主体间性。"社会性自我"是人在社会中必须接受的"规训"和"约束"；"个性自我"是个人的兴趣、爱好、信仰等私人旨趣。这历来是人的发展的基本矛盾。如何在共同的普遍人格要求中保持充分的个性特征？如何在社会性规训中保持多元化的个性自由？这种矛盾的解决必须依靠制序。以往人们对于制序的理解通常是这样的：制序是压制人性的，是对人的一种强制管理；作为人的主体性的异己存在物，即使"好的制序"也只是"给人性留有空间"，尽可能减少对人性的压抑。由此可见，传统观点对"制序"与"人"关系的理解基本局限于"人在制序外，而不在制序中，制序中'无人'"的狭隘视野，只看到制序对于"人性"规训的一面，却忽视了"制序生成人的主体性"的一面。这种传统观点的形成具有历史的原因，从制度的最初产生到演变成为制序公共理性，到制序成为"保障个人平等地自由地与他人之间进行竞争、合作和互动，进而获得和实现个人利益"的公共规则和社会规范，经历了一个长期的发展过程。

"制序"是人与人、人与社会之间联系的中介，属于社会关系的契约范畴。在人类发展的不同阶段，人与人之间交往的中介是不同的。马克思提出了人的发展的三大历史形态的著名论断，深刻说明了人的发展的每一阶段，人与人之间的中介是截然不同的。在人类社会发展的历史进程中，"人的发展"大致将经历以下三个历史形态阶段——"人的依赖关系"阶段、"以物为基础的人的独立性"阶段和"自由个性"阶段。在"人的依赖关系"阶段，人与人的交往依赖的是他人，个人的生存与发展屈从、依附于社会既有的等级或特权。"虽然个人之间关系表现为较明显的人际关系，但他们只能作为某种具有社会规定性的个人而相互

---

① ［英］冯·哈耶克：《规则·秩序·无知——关于哈耶克自由主义的研究》，邓正来选编译，首都经济贸易大学出版社2001年版，第15页。

交往，如封建主与仆人、地主与农奴，等等，或作为种性成员等，或隶属于某个等级，等等。"① 人际交往中，每个人都必须按照自己所在等级的先在规定再生产自己，"君君""臣臣""父父""子子"的身份限定了交往的范围和性质。所以，第一阶段人与人的交往实际上是"人与人之间的身份关系的交往"，造成了人的发展的"个性缺失"。因为，人与自然、人与社会呈一体化状态，使得个体的人无论是在自然面前，还是在社会之中，都缺乏必要的独立性、自主性，人的个性还没有浮现在人之发展的历史舞台上。在这个历史阶段中，"无论个人还是社会，都不能想象会有自由而充分的发展，因为这样的发展是同个人和社会之间的原始关系相矛盾的"②，决定了人的个性的发展只能处于萌芽状态。"以物为基础的人的独立性"是人的发展的第二大历史形态。"在这种形态下，才形成普遍的社会物质交换、全面的关系、多方面的需求以及全面的能力体系。"③ 这一时期人与人之间的交往表现为片面的"物质活动领域"，交往的性质是"物化"的人与人之间的身份交往关系，着重形成了"物役"的个性。"以物为基础的独立性"本身就意味着"人的自由发展"受到了新的限制，缺乏真正的个性独立。如果有个性，也是依赖于物、为物所役使的"物役"个性。

"自由个性"是人的发展的第三大历史形态，"建立在个人全面发展和他们共同的社会生产能力成为他们的社会财富这一基础上的自由个性"④是该阶段人的发展的集中体现。"自由个性"的内涵包括"真正丰富"的需要、"自由自主"的活动、"自由全面"的社会关系和"自由个性"等。这一人的发展的实现需要通过契约来解决。现代社会以"契约关系取代了人身依附关系"，社会契约的属性表明它为人类的发展提供了契机。契约是"多元与统一"矛盾关系的解决方式。社会契约的根本问题就是"要寻找出一种结合形式，使它能以全部共同的力量来卫护和保障每个结合者的

---

① 中共中央马克思恩格斯列宁斯大林著作编译局：《马克思恩格斯全集》（第46卷·上），人民出版社1979年版，第110页。
② 中共中央马克思恩格斯列宁斯大林著作编译局：《马克思恩格斯选集》（第3卷），人民出版社1972年版，第485页。
③ 中共中央马克思恩格斯列宁斯大林著作编译局：《马克思恩格斯全集》（第46卷·上），人民出版社1979年版，第104页。
④ 同上。

人身和财富,并且由于这一结合而使得每一个与全体联合的个人又只不过是服从其本人,并且仍像以前一样自由"①。这就解决了"人是生而自由的,却又无往不在枷锁之中"②之悖论。在公共社会生活中,"我们每个人都以其自身及其全部的力量共同置于公意的最高指导之下,并且我们在共同体中接纳每一个成员作为全体之不可分割的一部分"③。罗尔斯认为:"社会的制度形式影响着社会成员,并在很大程度上决定着他们想要成为的那种个人,以及他们所是的那种个人。"④马克思更是鲜明地指出制序对人性生成的影响:"专制制度的唯一原则就是轻视人类,使人不成为其人,而这个原则比其他很多原则好的地方,就在于它不单是一个原则,而且还是事实。"⑤由此可见,制序是人类社会发展到一定阶段的产物,制序的契约本质决定了其"社会性自我"与"个性自我"的矛盾协调功能,为制序理路的确立奠定了坚实的基础。

(五)交往理论本真要义的直接启示

教育制序发展理路是通过制序规则形成的公共理性在公共交往(公共领域)中生成人。对"交往理论"的考察,可以进一步印证,只有依靠制序公共理性才能生成人,而个人交往离开了公共交往,承担不了这一任务。

马克思和恩格斯把交往普遍化看作与人们相互影响的活动范围的扩大、社会分工的不断分化相一致的过程,因而,马克思所说的交往是一个制序范围与制序形式不断扩大的过程。

哈贝马斯对"交往"作了更为深刻的剖析,形成了他的交往理论。哈贝马斯认为,实现交往行为合理化的基本前提和条件,是承认、尊重并遵守共同的社会规范。在交往中,人的主体间性的养成主要依靠的是制度规范,而不是个体人的交往。哈贝马斯明确指出,"通过交往而实现社会化

---

① [法]卢梭:《社会契约论》,何兆武译,商务印书馆2003年版,第19页。
② 同上书,第4页。
③ 邱本:《市场法治论》,中国检察出版社2002年版,第20页。
④ [美]约翰·罗尔斯:《政治自由主义》,万俊人译,译林出版社2000年版,第285页。
⑤ 中共中央马克思恩格斯列宁斯大林著作编译局:《马克思恩格斯全集》(第1卷),人民出版社1979年版,第411页。

的主体,并不是处于制度秩序或社会和文化传统之外的主体"①;"不管规范秩序正把自己同定成为制度,还是保持为漂移不定的语境,它们永远都是人际关系的秩序:尽管群体之间多少已经实现社会整合,并且保持协同一致,但它们之间的互动网络只能是由交往行为主体的协调行为构成的。但是,认为个人是这种交往网络的'载体'的观点也是错误的。"② 哈贝马斯这一论述表明,单纯的"个人"不是交往的"载体",只有在"公共交往"中的制序规则才是真正的"载体"。

哈贝马斯非常赞同帕森斯的"建制化个人主义"理论。对于人的生成来说,个人和社会之间的关系是一个基本的问题。也就是在普遍的制序中"共性和个性"何以可能。帕森斯所说的"建制化个人主义"体现了社会现代化过程中这种关系的矛盾性质:"一方面,个人应该与其个体化程度而成比例地获取更大的选择自由和自主性;另一方面,自由程度的这种提高,又被做了决定论的描绘:即使是从建制化行为期待的刻板指令中解放出来,也被描述为一种新的行为期待,描述为一种建制。"③ 这种"建制"即是规则系统,也就是说,"人们摆脱传统社会的规则的强制之后,个体如果仅仅是在成为原子化个体的同时成为雇员、消费者、当事人等承担系统功能的'角色人',那么,虽然看上去他面前有许多选择,但实际上这些选择都是被货币和权力这样的媒介所控制的"④。只有选择规则,人才能够避免"原子化个体"的命运,享有公共的、真正的平等和自由。

"社会个体化"是通过不断进步的个体化观点来考察的。"社会个体化只是个别化和单个化,而不是严格意义上的个体化",贝克清楚地觉察到了这种为传统社会学基本概念所忽视的意义。他无可奈何地指出:"许多人把个性与个体化联系起来,认为就是成人,就是独特性,就是解放。这样认为可能是对的,但也可能是错的。"⑤ 现代社会强加给个体抉择的重任,在面对多种选择机会的时候看到自己处于多种角色中;他们需要一种

---

① [德]哈贝马斯:《后形而上学思想》,曹卫东等译,译林出版社2001年版,第85页。
② 同上书,第86页。
③ 同上书,第149页。
④ 童世骏:《没有"主体间性"就没有"规则"——论哈贝马斯的规则观》,《复旦学报》(社会科学版)2002年第5期,第31页。
⑤ [德]贝克:《风险社会》,转引自[德]哈贝马斯《后形而上学思想》,曹卫东等译,译林出版社2001年版,第218页。

后传统的自我认同，个体必须学会把自己当作行动中心，当作自己生活、能力的中心，只有在生活世界理性化（指有限理性）的基础上，这种过程才意味着是"社会化主体的个体化"，也"才不是简单地意味着自我反思所控制的个性系统自由化和单个化"①。

哈贝马斯认为，"康德的目的王国在当下必须假定为互动的语境和一种交往共同体，在这个共同体里，所有人都能够也愿意接受其他人的观点"②。作为一个人，他无法把自己维护在真空中而独立存在，即便是在极端独立的情况下也是如此。"它是一种社会制度，因为它的功能是一种建立在共同承认的行为和共同目的基础上的共同行动。"③ "无论是作为自律的存在，还是作为个体的存在。实践的自我关系中的自我都不能通过直接的自我联系，而只能通过其他人的观点来进行自我确证。在这种情况下，我所依赖的不是他人对我的判断和行动的认同，而是他们对我的独特性和不可替代性要求的承认。"④ 这段来自哈贝马斯的话，说明了个体人的社会化过程，不能依靠权威或者长辈的认同，而需要在共同体中对"我"的不可替代性予以承认。在普遍的公共生活方式中，每个人才能够接受其他人的观点，并且可以相互承认，把自己的生活历史看作"我"认真抉择的结果。

哈贝马斯说，转向主体间性的观察方式来考察主体性"导致了惊人的结果：看起来集中在自我身上的意识并不是直接的或纯粹内在的。相反，自我意识是沿着由外而内的道路，通过与互动参与者之间以符号为中介的互动而形成的"⑤。并且指出，互动依靠交往模式的改变，"以符号为中介的互动允许通过自我关涉的认识来控制自己的行为；但这不能代替协作行为，即一个行为者的行为与另一个行为者的行为建立起恰当的适应关系；协作行为一直都是由共同的本能回应提供保障的。这种缺失如今为规范的行为期待所填补，这些期待代替了本能的调控；但是，那些规范需要通过

---

① ［德］哈贝马斯：《后形而上学思想》，曹卫东等译，译林出版社 2001 年版，第 220 页。
② 同上书，第 206 页。
③ ［美］米德：《米德全集》（第 1 卷），转引自［德］哈贝马斯《后形而上学思想》，曹卫东等译，译林出版社 2001 年版，第 206 页。
④ ［德］哈贝马斯：《后形而上学思想》，曹卫东等译，译林出版社 2001 年版，第 207 页。
⑤ 同上书，第 198 页。

多多少少已经内化的社会控制而在行为主体身上扎下根来"①。意思是，人们之间主体间性的互动需要通过规范和他人协调来实现。

尤其是在社会分化或矛盾的多元角色期待的压力下，传统社会所强加的僵化传统被抛开了，迫使个体承担起通过自我理解和选择来规划自己生活的重任。"承担这些成就的自我是在社会中慢慢树立起来的；它不可能因为脱离特定的生活语境，而彻底超越社会，进而进入一个孤独和自由的抽象空间。相反，人们对他的抽象和文明化进程处于同一个方向。个体使自己投身于'一个更加包容的社会'：'他承认，他者的组织是存在的，因此，他向他者发出了呼吁，而他者的组织则对此作出反应。'"② 个体需要在公共生活中得到他人的认同才能积极发展自我。因为，"在交往行动中，自我决定和自我实现这类假定保留了严格的主体间性意义：任何根据道德进行判断和行动的人，都必然期待在无限的交往共同体中得到认可；任何在被认真接受的生活历史中自我实现的人，都必然期待在无限的共同体中得到承认。如果我作为一个人格获得承认，那么，我的认同，即我的自我理解，无论是作为自律行动还是作为个体存在，才能稳定下来"③。

哈贝马斯对于米德的"社会化个体"理论给予了高度评价。他认为，"米德第一个深入考察了这种作为社会产物的自我的主体间性模式……直到米德，人们才开始沿着互动分析的路数（考察主体间性模式）"④，米德认为，"只有采用他者的角色，我们才能回到自身"⑤。他还明确指出，"经验的一般他者为他提供了一个自我认同"⑥，以及"在检查我们的观念和自我对话的过程中，在肯定我们交往共同体的一般规则和原则的时候，我们接受了集体的普遍立场"⑦，深刻印证了黑格尔曾表达的"个体只有获得普遍性品格才能成为真实的、有个性的个体"这一哲理。

---

① ［德］哈贝马斯：《后形而上学思想》，曹卫东等译，译林出版社2001年版，第200页。
② ［美］米德：《心灵、自我和社会》，转引自［德］哈贝马斯《后形而上学思想》，曹卫东等译，译林出版社2001年版，第204页。
③ 同上书，第213页。
④ 同上书，第191页。
⑤ ［美］米德：《米德全集》（第1卷），转引自［德］哈贝马斯《后形而上学思想》，曹卫东等译，译林出版社2001年版，第202页。
⑥ 同上。
⑦ 同上。

由此看来,"交往理论"告诉我们,依靠主体间性的交往来生成人,是要在公共领域中建立起人与人之间的关系或秩序,而且主动选择共同的规范准则,为人们在相互作用中形成相互承认和相互理解提供一个"统一起来的场",人才能够实现自我。一句话,依靠交往理性来培养人,不是依靠个体之间的交往,而要依靠制序规则形成的公共交往来生成人。

(六)人类其他实践领域的间接启示

制序公共理性作为处理人们"共性和个性"矛盾关系的主要方式,在教育以外的其他实践领域得到了初步印证。

其一,来自法学领域的"证据制度"演变过程的启示。在法学领域中证据制度的演变历史,也经历了一个从"无理性",到"普遍理性",到"个体理性",再到"公共理性"的过程。

人类历史上,证据制度经历了从"神示"证据制度到"法定"证据制度,再到"自由心证"证据制度的发展过程。"神示"证据制度因其"无理性"和野蛮性而被历史所淘汰,而"法定"证据制度也因其以绝对理性为基础,导致过分僵化和机械性,而被"自由心证"证据制度所取代。"自由心证"证据制度经历了传统自由心证制度和现代自由心证制度两种形态。所谓传统自由心证证据制度,是指法律对于证据的审查判断不作具体的规定,法律不给出预定的规则、规范,一种证据的证明力的"有无"及其"大小",由法官依据"个体"的良心、理性来独立地、自由地进行判断,并把心证的结果作为裁判的基础。传统自由心证证据制度是典型的以个人理性作为行为准则的制度类型,正是因为它"过分强调法官自由裁量,不加任何形式的限制,易导致司法的任意性",从而遭到了批判。20世纪30年代后,针对传统自由心证制度的不足,各国开始对其进行改革,引进证据规则和规范,对法官司法裁量权予以必要的限制,以保障法官心证的客观性,实现司法公正,从而确立了现代自由心证证据制度。

自由心证证据制度的演变历程启示我们,在法律制度中,以"心力"和"良心"为表征的个体理性曾一度上升为一种正式制度,也曾经深入人心,也曾经以它为解决问题的主要方式。但是,很快人们就意识到个体的"心力"和"良心"由于其不可靠而可能导致司法的任意性,因此对其进行了改革,引入了"规则",即在制序理性的支持下发挥个体理性的作用,以公共理性为主要着力点建立现代自由心证证据制度。

其二，来自信息技术领域的网络博客设计原理的启示。博客的设计原理充分展现出网络中"社会共性和个体个性"矛盾关系的处理以制序公共理性为主要方式。

博客是近几年才出现的一个典型的网络新鲜事物。1999 年，是博客高速增长的一年，博客开始迅速被人们所认识和使用。那么，什么是博客呢？博客的英文是"Blog"或"Weblog"，是"Weblog"（网络日志）的缩写。博客实际上是一种网络所提供的十分简易的、傻瓜化的个人信息发布方式，有人也称其为最个性化的个人网页。将个人的工作过程、生活故事、思想历程、闪现的灵感等及时记录和发布，发挥个人无限的表达力；更可以以文会友，结识朋友，进行深度交流沟通。由此可见，博客是一个集"共性与个性"矛盾关系于一身的典型案例。

一方面，博客面对的是所有参与网络的人，是一个面向所有人开放的公共平台，必须提供和满足所有参与者的基本公共需求；另一方面，博客又是最个人化和私人化的空间，因此，博客必须又是开放的"私人空间"，必须满足每个参与者的个性需求，为每一个参与者提供个性化的服务。"博客"如何才能实现"既满足共性需求又满足个性需求"的双重功能呢？来自 Chinalabs. com 转载的"eNet 硅谷动力"[①]的一位 IT 业界人士，非常鲜明而深刻地指出其中的奥妙："博客事业要想成功，必须依赖创新的制度设计……与人们第一眼看上去的相反，高度个性化的实现，关键不在节点，不在于一猛子扑进一个个最终用户，去一个个定制，那样就成为大规模的小农经济了。关键在于制度设计，或叫制序设计，它是一种结构性设计。"他还认为，"个性化难以实现，关键是制度设计中缺失了一种叫 FRAME 的成分，即知识结构"；"形象化地说，知识结构是一种半梦半醒之间的制序，类似哈耶克所说自发形成的社会秩序。半梦，是说它具有自发性，唯其自发，所以能保持潜意识、个性化的东西不被过滤掉，保持真实世界的品质，保持回到事物本身的可能，从而保持高端商业资源；如果是全梦，就是相对主义，就是经验世界，就是只有自由没有秩序了。半

---

① 姜奇平：《以生活方式为中心的经济》，http://www.chinalabs.com/cache/doc/06/01/23/96502.shtml，2006 年 1 月 23 日。

醒，是说它具有有限理性；但不是全醒，全醒就是完备理性，就是单纯价格机制、与个性化无关了"。这位 IT 业界人士能够在自己的工作中深刻地认识到"'博客'的面向'共性和个性'的双重服务，关键在于'制度设计'，考察背后的制度动因"，而且指出，"一猛子扑进一个个最终用户，去一个个定制"，就会成为"大规模的小农经济"。"一语道破天机"，旨在表明，处理"共性与个性"矛盾关系不能够依靠"个体理性"，而必须依靠"制序公共理性"。

以上从不同角度对"教育制序发展理路与人的发展"的关系进行了前提性考察，对教育如何生成"社会性"和"个性"有机融合的"完整人"具有重要的启示，也为教育发展制序理路的合理性提供了坚实的依据。

二 教育制序发展理路与人的发展：内在考察

承接上一个问题对"教育制序理路与人的发展"问题的前提性追问，以及从一般性的、总括性角度对制序生成人的合理性回答，现在要深入教育内部来追问"教育制序生成人"理路的合理性。首先从正面来阐述，包括从"教育基本问题的分析"以及"传统教育模式与现代教育模式之间的论争"来为通过制序公共理性培养人提供教育内部回答；其次从反面来论证，如果不依靠教育制序公共理性而单纯依靠以"心力""个体智慧"为表征的"个体理性"，将导致教育发展的"情境理性主义"，造成众多现实教育问题与弊端。

（一）正题：教育生成人的"公共理性"式寻求

1. "教育基本矛盾"的寻解昭示着制序公共理性

教育是一种人的生成性活动，教育制序发展理路是通过制序形成的公共理性来生成人的思路。教育的基本矛盾是"教育与社会、教育与人"两大矛盾，这两大矛盾的寻解昭示着教育发展制序公共理性时代的到来。

教育基本矛盾贯穿着教育活动的始终。教育是一种历史文化的传递活动，执行着社会遗传的功能。每个时代都不仅以教育的方式使个人掌握前人的经验、常识以及各种特殊的知识与技能，而且以教育的方式使个人掌握该时代的价值观念、道德规范和各种行为准则，以教育的方式使个体丰富自己的情感、陶冶自己的情趣和开发自己的潜能，以教育的方式使个人树立人生的信念与理想，形成健全的人格。教育是个体向历史、社会和时代认同的基础，又是历史、社会和时代对个体认可的前提。教育是个体占有历史文化与历史文化占有个体的中介。所以说，"人"并不是生物意义上的"自然"的存在，而是社会学意义上的存在。用马克思的话说，"人的本质并不是单个人所固有的抽象物。在其现实性上，它是一切社会关系的总和"①。社会文明的历史发展，构成了人之为人的历史性内涵。我们通常所说的"原始人""古代人""近代人""现代人"，并不是"自然"概念，而是"历史"概念，即以历史文化的内涵来区分不同时代的人。这种人的社会性的历史文化内涵，包括不同时代的人与自然、人与社会、人与他人、人与自我的历史性的相互关系，包括人的具有时代性特征的思维方式、价值观念、审美意识和生活方式，包括人的具有时代性特征的关于自身的处境、理想、选择和焦虑的自我意识，等等。每个时代的个人只有与自己时代的历史文化相统一，他才能生活于自己时代的生活状态之中，他才真正是该时代的人。由于人不是超历史的、生物式的存在，而是历史性的、社会性的存在，因而人之是否为"人"，从根本上说，就在于他（她）是否占有该时代的历史文化，即是否生活于该时代的生存状态之中。由于人对历史文化的占有主要是通过"教育"而实现的，所以说，任何时候任何历史时期教育基本矛盾都围绕着"人的社会化"过程来实现。更进一步说，教育的基本矛盾是教育如何生成社会性"普遍人格"和个体性"个性人格"之间的矛盾。

对于教育基本矛盾，传统的解决思路的重心在于对"社会性'普遍人格'和个体性'个性人格'"内涵的挖掘，并且认为之所以这一矛盾成为矛盾，就是因为对"什么是人的社会性'普遍人格'、什么是人的个体性'个性人格'"的内涵没有弄清。至于二者的"结合方式"根本不成为问题，只要综合起来取"中点"就可以了。所以，"教育与社会的关系、教育与人的关系"成为研究的基本问题，而至于怎么"既兼顾人自身的要求又兼顾社会的要求"不会进入研究者的视野，认为是顺理成章的事情，无须研究。这种传统的基本矛盾解决思维，决定了教育活动的使命就是寻找

---

① 中共中央马克思恩格斯列宁斯大林著作编译局：《马克思恩格斯选集》（第1卷），人民出版社1972年版，第18页。

那个位于中点的"一",规律性的"一"。这种思维也同时决定了教育一开始就抛弃了以"关系"为问题的反思性活动,无视"人和社会的关系"的其他多样性和丰富性,而只寻求唯一的"中点"。所以,当其他学科来研究教育问题的时候,仿佛造成了教育学研究的众多困境,如研究领域的争夺、教育学是否终结等。

对于教育基本矛盾,即"社会性'普遍人格'和个体性'个性人格'"的规律"一"的寻求一直未能达成,人们开始反思,中点"一"只是假想的教育理想状态,任何现实的教育活动都是以某种"人与社会的关系"为前提进而存在和发展的。在"个人与社会"的关系中,存在着除了"中点"之外的无穷多点,教育的基本矛盾不再是怎样寻找"一"的矛盾,而是如何根据具体情境在矛盾关系处理中做出不同的排列组合和制序安排。

教育基本矛盾的制序公共理性的解决方式,是由教育中最根本的"人"所决定的[①]。一般意义上,我们谈人的发展,通常是指"人的全面发展",即德、智、体、美等方面的全面发展。在现实生活中人的活动又直接对应着并直接体现为经济活动、政治活动、文化活动等。人作为这些活动的主体,直接在人的身上表现出经济性、政治性、文化性等,所以,教育要培养在社会中具有生存和生活能力的人,就不可避免地要在政治性、经济性、文化性等方面培养人,这也是人的内在要求。所以,教育经济学、教育政治学、教育文化学对教育的介入是不可避免的,教育经济学要从"人力资源理论"的角度,对人未来作为一个经济活动的主体,而必须培养人的经济能力做出干预,从课程内容、学制年限等方面深层次地对人的培养做出影响,如培养基本的读写算和当时当代经济活动所要求的人的素养体现在课程内容的选择上做出要求。同理,教育政治学对人的政治性、教育法学对人的合法性等都不会局限在"教育活动中的政治问题、法律问题"上,而是深层次地在课程内容、教学方式、教育制度上做出要求,并要求其调整以适应人的这一方面的特性。因此,教育活动要求得到相关学科的理论观照。现在问题是,教育活动中如何将人的经济性、政治性、合法性等方面的性格统一协调发展,而不至于使教育活动变成纯粹的

---

① 柳海民、孙阳春:《再论教育理论的原创性》,《东北师大学报》(哲学社会科学版)2004年第5期。

经济活动、政治活动和法律活动呢？也就是教育如何才能够、怎样才算是培养了人的"共性与个性"呢？本书认为，教育对"普遍人格"和"个性人格"的结合不存在完美结合点，存在的只是"关系"中的点，即在不同情境下的不同排列组合。一个活动的总目标由多个子任务和子目标组成时，总目标不可能是各个部分单独目标的完全实现，再相加的总和，而总是在寻求最大可能解。因为某个目标的最大实现，总会在某种程度上阻碍另外某个目标的达成。因此，在一个活动中，总目标的实现，就是要寻求在某个具体情境下的各个子目标不同的排列组合，而这些排列组合之间不存在"好坏优劣"之分，它只为具体情境负责。

教育基本矛盾的制序公共理性的解决方式，使得教育学有可能从逻辑上消解被占领的可能。"完全意义上的教育学"是以多学科的视角审视的教育学。教育学科不能排除任何一个学科的参与。本学科不是领域和地域的概念，教育学必须吸收其他学科精华。教育学承担的任务是众多的，人所具有的所有领域——经济、政治、文化、人文等方面的素质培养，只要是与人相关的，都是教育需要涉及的领域。从这个意义上说，教育学的学科本身要求教育学必然集多个学科于一身，教育学要求从多个视角来考察、来审视，这是不容回避的事实。如果教育学这个学科，能够从全方位、多方面，深入地被多个学科所占领，那么，教育学自身也许就是"完全意义上的教育学"了，教育学才是真正成熟了。那么，教育学自己的边界如何确定呢？教育学科边界问题的回答是"一个原则、各样表达、多种选择"。表现在教育理论上，任何一个教育理论都是选择其中相关学科的参与，且以排列组合不同的方式参与，这是理论的丰富性之所在。也就是说，教育理论在认识论的层次上寻求不到"一个实体理论"作为准则。那么，我们如何满足人们的形而上学的本性要求，给予一个教育学科的立场、一个教育学科的特性呢？答案只能是，教育学的唯一立场就是要求在各个相关学科的参与下提供人的发展的全面丰富的可能性理论，教育学科要求各个学科来观照是区别于其他任何一个学科的最大特性，世界上再也没有一个学科像教育学这样需要所有学科的观照了，这是根本的认识论回答。这样的回答既满足了人们对于给定一个"一"的形而上学的承诺，同时又是以现实的无限丰富性来做出最后的答案的，因为这种回答本身就蕴含着"一个原则、各样表达、多种选择"的辩证法意义。这样的回答,并不意味着教育实践活动中的后现代"怎么都行"。"一个原则、各样表达、多种选择"的回答,紧接着会有这样的疑问,既然教育理论是丰富的,那么,用它来指导实践的教育活动,难道教育活动就没有标准了吗?教育活动就没有一个确定性的评价标准了?当然不是。过去形而上学的思维方式下追求的是一种"没有选择的标准",也就是不得不选择的标准,个人没有选择其他样式的余地,那是一种本质主义的肆虐;也不是后现代主义语境下丢弃"标准"的"选择","没有标准的选择"只能造成一种"存在主义的焦虑";而现代意义上的回答,则是一种"可以选择的标准"。学校教育为人的发展提供了各种可能性,每个人可以从中做出自己的选择,来发展自己的个性。但是,这种选择不是杂乱无章的,是有着深刻的历史"规定性"的,因为"标准既是对历史文化的一种承诺,更是现实生活中的一种选择和安排"。

由此,教育基本矛盾寻解的过程昭示着教育中"社会性'普遍人格'和个体性'个性人格'"的结合,需要由教育制序公共理性来完成,这为教育通过制序公共理性来培养人的理路转型提供了重要依据。

2. "教育基本模式"的论争昭示着制序公共理性

在教育史上以赫尔巴特和杜威为代表的传统教育学派与现代教育学派的理论论争代表了人的"社会共性"与"个体个性"的两大培养模式,从某种意义上说也就是"普遍人格"与"个性人格"的论争。而且,以赫尔巴特和杜威为代表的传统教育学派与现代教育学派互不相让,互不妥协。世界各国所进行的教育改革也无不围绕其中一种理论主张来进行,所以,从总体来看,在两大理论的践行中就表现出摇摆、反复与徘徊的"钟摆式"怪象。因为似乎所有的迹象都表明,赫尔巴特与杜威所代表的无论哪一个理论派别都有缺点,不能独自承担起指导人的全面发展的任务;但同时,改革中无论舍弃了哪一派别的理论主张,又都会最终主动把它重拾回来,离开了任何一种理论,培养的人也都不能称为"全面的人",正所谓"剪不断,理还乱"。长期的论争实践表明,教育基本模式的选择也必须走向制序公共理性。

从二者论争的焦点来看,是以"系统知识"的传授来促进人的"社会人格"发展,还是以"经验、活动"来促进人的"个性人格"发展的焦点。

一方面,以"'系统知识'的传授来促进人的'普遍人格'发展"是赫尔巴特全部思想的主旨。第一,以"'系统知识'的传授来促进人的发展"是赫尔巴特的哲学观的根本体现。赫尔巴特教育思想的哲学基础是"德国传统的理性主义哲学"[1]。理性主义相信人的理性认识能力,对于人们认识的结果——知识的价值更是确认与肯定,并坚信人只有继承已有的认识成果,才能更好地获得自我的发展。因此,赫尔巴特在这样一种哲学观的指导下,将系统知识的传授作为实现人的发展的途径与手段。第二,"以'系统知识'的传授来发展人"的思想主旨贯穿赫尔巴特的全部学说。赫尔巴特的某些思想观点看似与这一主旨相冲突,实质却不然。如赫尔巴特也注重从经验中获取知识,甚至"他自称是一个'实在论'者……将自己的哲学命名为'实践哲学'"[2],但这些都不能否认赫尔巴特理论的核心概念是"观念""统觉",而且也正如精神科学创始人狄尔泰所说"一切思维都是为了行动的",其推论就是,为了更好地行动,我们必须更好地、不遗余力地发展思维,这也是赫尔巴特重视实践的原因。因此说,赫尔巴特所有思想中无论是对于经验还是实践的重视,其根本的主旨都是为了传授系统知识,从而促进人的发展,赫尔巴特的教学阶段理论更是从正面论证了这一观点。所以说,以"'系统知识'的传授来促进人的发展"是赫尔巴特全部思想的主旨。

另一方面,"以'经验、活动'来促进人的'个性人格'发展"是杜威全部思想的主旨。第一,"以'经验、活动'来促进人的发展"是杜威的哲学观的体现。杜威的实用主义哲学基础的中心概念是"经验",并在此基础上认为教育是"经验的改组与改造",因此,在他的教育理论中必然主张以"活动"来实现促进人的发展的目的,主张只有人在"活动"中接受教育才是真正的教育。因此,杜威在这样一种哲学观的指导下,以"经验、活动"来实现促进人的发展。第二,"以'活动、经验'来发展人"的思想主旨贯穿杜威的全部学说。杜威思想的方方面面都证明了这一点,其"做中学"的理论更是旗帜鲜明地从根本上证明了这一点。当然,

---

[1] 王坤庆:《教育学史论纲》,湖北教育出版社2000年版,第322页。
[2] 同上书,第121页。

杜威的思想中也有对思维观念的重视，如杜威的教学五步骤理论等，但是其根本意图同样可以从狄尔泰的名言中获得启示："对于思维观念的重视，其根本目的是使学生更好地活动，并在活动中发展自我。"因此说，"以'经验、活动'来促进人的发展"是杜威全部思想的主旨。

最后，二者各自所持的观点真正地形成了交锋，互不相让。正是因为赫尔巴特以"'系统知识'的传授来发展人"为其思想的主旨，才必然会在教学过程中，以教师为中心，因为教师代表了知识的权威；也必然会以课堂为中心，因为那是知识传授的场所；也必然会以课本、教材为中心，因为那是知识的载体。也正是在此基础上，导致了赫尔巴特思想理论具有忽视学生的主动性、忽视活动及活动课程、在实践中教条、千篇一律的弊端；但同时，也使其思想具有了给学生以系统的知识基础，发展学生理性思维的优长。同样，也正是因为杜威以活动来发展人的思想主旨，才必然会使其在教育过程中以学生为主体，因为活动本是学生的活动；也必然会以活动和活动课程为中心，这也是不道自明的道理。由此也导致了杜威教育理论无法克服的弊端——轻视教师的作用，忽视系统知识的传授，忽视课堂的作用，因而成为被批判的靶子；但同时，对于活动的重视也使其理论的光辉不可遮挡地显现出来，使学生成为中心，重视儿童的兴趣爱好，发挥其主观能动性，等等。这样，就使其理论在各自弊端与优长的作用下，形成了交锋。所以，赫尔巴特与杜威问题争论的焦点就是以"系统知识"还是"经验、活动"来促进人的"普遍人格"或"个性人格"发展的问题。

从二者论争的解决方式来看，以"系统知识"的传授来促进人的"普遍人格"的发展，还是以"经验、活动"来促进人的"个性人格"的发展，必将在教育实践过程中通过制序公共理性来解决。之所以会有争论，是因为对于任一单一理论，我们都"丢之不得，也用之不得"，丢之不得，是因为每一理论都有其得人心的一面；用之不得，是因为每一理论又有其不尽如人意的一面。否则，干脆丢弃一个，或者采用一个，争论的局面都不会形成。那么，既然争论现实地存在着，如何看待这种争论呢？争论是否可以消除呢？

第一，争论不能通过消解争论的一方（即战胜争论另一方）来消除。

赫尔巴特"以'系统知识'的传授来促进人的发展"的思想主旨根源于人类必然具有的"自觉"属性，即"观念的我"的本质属性。人是有意识的，这构成了人类存在的一切前提。人是一种理性的存在物，人总能自觉到自我的存在，在历史发展过程中，总是不断地认识和反思自我，并在意识中把握自身，把握包括自己在内的整个现实世界，并从中寻求有一定"规律性的东西"作为生活的依据，从而通过回顾与反思自己已经走完的路来理解和把握自己的将来，进而实现自我。这也是人类历史得以延续的内在推动力。以赫尔巴特为代表的传统教育学派正是基于这样的原因，才会确认和肯定理论知识的重要性，从而认为人的知识和理性发展了，就是实现了人的发展。同样，以赫尔巴特为代表的传统教育学派的主张也正是在此意义上"得人心"的，也是人类自身所无法舍弃的，因为舍弃了它，就等于舍弃了人类的一个"观念"中的自我，是不可能的。杜威的"以'经验、活动'来促进人的发展"的思想主旨根源于人类的"自然"属性，即"经验的我"的本质属性。因为"人们必须生产他们所必需的生活资料，必须去'做'，生存才得以可能，才得以展开"，在这一意义上，人是"在其中"的"活动、做"的人，是积极去有所为的人，在本质上这是人类实践活动的发端。这一点无须多说，也即是无可争议的事实。因为我们每天都生活在"做、活动、实践"当中，我们每个人都意识到，如果我们自己不去"做"，就不会有人类自身。从这个意义上讲，杜威的现代教育理论以活动为中心，而杜威理论的"得人心"也是源于人类无法否定和舍弃那个"经验"中的自我。

第二，争论也不能通过"吸取争论双方优长并简单相加"来消除。之所以会出现理论主张的摇摆现象，原因还是理论各自存在的弊端，那么我们能否将导致各自理论的利弊找出来，并砍掉各自"弊端"的枝杈，保留优长的枝杈，再将双方优长的枝杈进行嫁接，从而实现"去除其弊端，吸收其精华，再将精华相加"的目的呢？而实际上，我们的研究中经常采用的就是这样一种解决问题的方法——去掉不好的，留下好的，再将好的融合。表现在赫尔巴特与杜威的问题上，就是——去掉获得系统知识时带来的弊端，再去掉发展学生主体性时带来的弊端，将好的愿望相加，实现"既怎么样又怎么样"的结果。而现在的问题是这种"既……又……"的方法是否是真实的命题，是否是人类的主观臆断？答案当然是否定的。因为我们之前已经论述过，获得系统知识的同时也获得了其弊端；获得活动主体性的同时也失去了系统知识，所谓"成也萧何，败也萧何"。从人的本性来说，我们需要"观念的我"，也需要"经验的我"，但他们两个同时占据"一个人"时，永远也无法将两个的优点相加。那么，论争最终导向了什么呢？论争通过制序公共理性得到了逻辑消解。至此，二者的争论不再是非此即彼、你死我活的斗争，承认其一并不意味着否定另一；赫尔巴特与杜威本是"一家人"，互不可离。而且任何时候在任何问题上都不能分离，因为他们本是"人"自身的两个"我"——"观念的我"和"经验的我"，少了哪一个，人都不能称为完整的人。所以我们在面对教育改革的时候，关键不在于要"赫尔巴特"还是"杜威"，而是如何实践地在具体的问题中协调弊端与优长的关系，以及用什么规则和结构来安排二者的关系，使之能最大限度地接近所要教育培养真正人的初衷。

教育两大模式之争在逻辑上的"消解"，昭示着教育活动在理念上要从"对立思维"走向"关系思维"，从"个人主观辩证"走向"制序理性"。

第一，教育活动坚持其中任何一种模式都是片面的，要从"对立思维"中走出来，走向"关系思维"。传统教育活动总是在这样一系列的对立中进行：在儿童发展问题上，存在着自然主义与理想主义的对立；在教育内容上，表现为实在主义和人文主义（形式与实质）的对立；在教育方法上，出现心理主义与逻辑主义的对立；在学校制度、组织问题上，存在知识至上和生活、身体至上的对立；在教育目的上，存在个人本位与社会本位的对立；等等。而且，以往改革的理念总是试图提出"应该选择哪一个，哪一个才是对的"的疑问，而且越是负有责任的、坚贞的改革者越要找到"到底哪一种才是正确的，是需要我们真正坚持的；哪一种是坏的、不正确的认识，是需要我们摒弃的"这一问题的答案。现在，教育的理念需要确立"关系思维"，承认论争的合理性，摒弃以对立方式提问的假问题，以关系思维方式重新做出基础教育改革的真实提问，即如何在实践中处理这些对立双方的关系，如何去探求复杂现象内部的多重关系，并且在这个多样的关系中，以怎样的立足点去分析问题和解决问题。也就是说，如何处理对立双方关系的原则、结构和样式，成为基础教育理论研究的新课题。

第二，教育活动实践应从"个人主观辩证"走向"制序理性"。争论的逻辑消解同时也告诉我们，教育活动在实践中无法做到真正的"辩证"，任何一种在实践中要通过"个人主观意志"的努力来达到"既……又……"的企图都是徒劳的，基础教育改革实践必须走向"制序理性"。在中国教育现实中，不想放弃对人的社会性要求、共性要求，也还要培养具有独立意识和创造力的个性人格，一直是基础教育改革的目标。依据"制度理性"的发展思路，教育培养人的着力点要放在如何处理二者的结构、关系、原则的样式和安排上，学生通过对不同样式的选择来实现自我的真正发展。如果只从主观意志上努力，不改革已有的规则和制度，教育改革只能是隔靴搔痒，并无成效。因此，基础教育改革的实践应从"个人主观辩证"走向"制序理性"。

以上"教育基本矛盾"的寻解历程，以及"教育基本模式"的论争，都昭示着教育发展过程中的关系型范畴，为制序公共理性的确立奠定了坚实的领域基础。无论是"教育基本矛盾"还是"教育基本模式"等教育中诸多对立范畴，都最终必须通过制序规则来实现。

（二）反题：教育生成人的"个体理性"式误区

这是一个从现实教育状况出发的反面论证，目的在于深刻指出，现在我国教育调节"社会性自我"与"个性自我"的矛盾中，着力点在于"个人理性"，而不是"公共理性"。现实教育种种弊端的出现，病症就在于本应该由"公共理性"发挥作用的领域，却由"个体理性"来代替。所以，个体理性对公共领域的僭越，导致了教育发展的"情境理性主义"误区，造成了现实教育生成人的"偏颇"。

1. "个体理性"为教育着力点的现实体认

也许有人不认为现在教育培养人依靠的是"个体理性"。所以，首先让我们来研读关于"教师如何处理教育中学生发展的'社会性自我'与'个性自我'矛盾关系"的一篇文章，以求真实再现现实教育是如何依靠教师的"心力""个体智慧"来协调、把握教育中矛盾关系处理的"界限"与"度"。

下面是江苏南京的王丽燕老师写的《从一名新手教师的困惑看集体教育活动秩序的建构》① 一文，读来颇有启发。

一名刚工作三个月的新手教师组织了一堂名为"卡通世界"的集体音乐教学活动。有一个活动环节是让幼儿坐在位子上自由创编"卡通马"动作。孩子们都深深地为情景所感染，他们自然而然地用双手双脚着地的姿势模仿马的各种动作与形态。这位新手教师面临一个两难情境：如果阻止孩子们的自发创编活动，就有可能扰乱孩子的内部认知秩序；如果临时改变教学计划，顺应孩子们的这种自发创造性活动，就有可能导致课堂秩序失控和威胁幼儿的安全，导致活动无法按计划进行。这种幼儿内部认知秩序与课堂外部秩序的矛盾是任何一名新手教师在组织集体教育活动时都有可能面临的困惑：该如何应对这种两难困境呢？

一　困惑情境的价值分析

当面对这样一个两难选择时，我们首先应该来分析一下两种选择各自的价值。

其一，孩子们的创编活动价值何在？

孩子们手脚着地创编"卡通马"的动作符合幼儿生理、心理的发展特点。首先，好动是他们的本性。活动中动静交替、张弛结合，符合幼儿的生理需要；其次，幼儿处于动作思维与形象思维交互作用的阶段，用双手双脚同时着地创编马的动作符合幼儿的认知特点。抛开情境来讲，幼儿的这种创造行为不仅不应该被阻止，而且是值得欣赏和鼓励的。

其二，教师按照计划继续进行活动的价值何在？

教师是教育活动的主导者，尤其是在集体教育活动中。教师如果任由孩子们的模仿行为"蔓延"，预设的目标可能就无法达成。如果让孩子们"手脚着地"，就有可能"你的脚踩到他的手"，以致互相干扰探索和创造。如此看来，孩子们的"创造行为"又是应该被阻止的。

二　不同经验水平教师的不同选择

通过上述分析来看，很显然，我们不能脱离教育情境来抽象地判断哪

---

① 王丽燕：《从一名新手教师的困惑看集体教育活动秩序的建构》，《幼儿教育》2004年第5期。

种价值更重要，也就是说，情境是我们进行价值选择的标准。在同样情况下，不同水平、不同经验的教师应该选择自己认为更有意义的价值。

（一）新手教师

对于新手教师来讲，最恐惧的莫过于课堂秩序的失控，生怕"松了哪根弦儿"，"一切散为碎片"。因为他们不但无法预想活动中可能出现的各种意外情况，更不知道用什么策略来解决。因此，他们首先追求的是课堂秩序的稳定和可预测、可控制，构建一种简单的课堂秩序。就上面的案例来说，新手教师就应该组织孩子们自由创编，按照原来的活动计划进行。

虽然这样的选择可能牺牲某些教育价值，但对于一名不能兼顾更多价值的新手教师来讲，这样的选择是必需的，同时也是合理而可行的。

（二）有经验的教师

比较有经验的教师技能较娴熟，"放得开，收得回"。他们既能满足儿童自由探索的需要，又能适度把握课堂秩序。首先，在设计活动时，充分考虑幼儿的生理心理特点、活动自身的特点以及二者的匹配，还会尽可能地设想各种可能出现的混乱状态及对应策略，以免措手不及。其次，在活动进行中，面对孩子们的"突然动作"采取"尽量引导"的方法，既给幼儿自由探索创造了机会和时间，又不至于使课堂秩序失去控制。在面临价值选择的时候，有经验的教师常常有更加从容的选择心态，更加开阔的选择余地，更加自如的选择技巧。虽然他同新手教师一样，趋向于简单控制，总是"尽量避免出现混乱局面"，但这种"简单"对新手教师来讲却是复杂的，难以驾驭的。

（三）专家教师

更富有经验的专家教师就有可能构建一种更富有创造力的秩序。他们能够把握幼儿个体以及整个班级系统的内部运行节律与机制，并进一步设置情景，延续活动。他们在技能上更熟练，他们在价值的选择上更趋向于多元与包容，而不仅仅是非此即彼的简单取舍，他们的能力不是新手教师在短时间内所能具备的。

从以上分析我们可以看出，对新手教师来说，最初的简单控制是非常必要的，因为要想达到一种更富有创造力的秩序状态，首先必须从简单的有序开始。只有建立一种秩序，才能超越这种秩序。新手教师通过与"过去的我"不断对话，在创造新秩序的过程中逐渐成长为经验丰富的专家型教师。同时我们也看到幼儿园集体教育活动中的秩序并非简单地、静态地存在着，而是动态地建构着。这种秩序由于教师的经验水平的不同，而不断地由简单到复杂，由低级向高级演变。

整篇文章再现了不同类型的教师（新手、有经验的教师、专家教师）在教育活动中如何通过自己的"个体教育智慧"来处理"一是来自学生内部的自主创编的个体要求，二是来自课堂外部的教学计划的社会性要求"之间矛盾关系的真实过程。文中多次提到，"新手教师""有经验教师""专家教师"在处理这种矛盾时的差异。从中可以看出，教师处理矛盾关系依靠的主要是"个体教育智慧"，即"个人理性"。本书并非反对或者不提倡"个体教育智慧"的运用，而是认为"个体教育智慧"的发挥要以教育制序为前提，单纯依靠"个体教育智慧"并以其为着力点，教育无法实现"人的生成"的目标。所以这篇文章所举例子的失误在于，抛弃了"公共理性"而以"个体理性"为着力点，是放弃了"西瓜"来让"芝麻"充当"顶梁柱"的失误之举。

2. 个体理性及其发生作用的方式

什么是个体理性？个体理性，区别于在人类社会发展初期的原始"孤立式个人"以及"原子化的个人"。原始的"孤立式个人"产生于"无交往"的社会环境、"孤独封闭"的社会环境。因此，"孤立式个人"不是在关系中的生存个体，"原子化的个人"表现出"孤僻"和"与世隔绝"的特点。个体理性，是在现代社会交往关系中产生，由"个体"作用于"私人领域"的理性，是以个体的方式来寻求理性中的"普遍性统一"。

个体理性在个人领域中发挥作用，只提供个人的选择，并对个人负责。个体理性的特点表现为单面性、复杂性中之一面；表现为个别性、"多样性"中之一种，个体理性为个体自我的选择服务。

个体理性，从抽象上看，表现为个体通过以"心力、意志力"为特点的理性方式对"矛盾"进行综合判断并采取行为；我们常说的"个体教育智慧"就是"个体理性"的典型表征。从具象上看，"个体理性"是通过个体的"具体行为"方式表现出来的。

"个体理性"如果在"个人领域"发挥作用就无可厚非，且理所当然，并能承担起为自己的选择负责的义务。但是"个体理性"如若对"他人"负责，就只能通过抽象的"心力、意志力"等"个体智慧"对"矛盾"进行判断后，采用具体的行为方式（公共理性是通过制序规则发生作用的）来对"他人"发生作用，并为"他人"负责。"错位"此时便发生了："个体交往"作为现代社会交往中两种交往方式之一，本应该在"个人生活"的私人领域发挥作用，却僭越到"公共领域"，试图以"公共交往"的方式为"他人"负责时，因为个人理性无法承担此种"重任"，痛苦了"自己"，也痛苦了"他人"。

拿教育现实来说。教育培养"全面发展的人"的"社会性规训"和"个性自由"关系，如果要通过"个体理性"来处理，就只能表现在"具体行为方式"上："社会性自我"在"个体理性"的处理手段上，表现为"规训、批评（指出错误）、课堂讲授系统知识"等具体行为方式；"个性自我"在"个体理性"的处理手段上，表现为"民主、表扬（不论对错）、多活动实践课"等具体行为方式。个体理性懂得，如果要培养两方面兼备的"真正人"，就需要在二者之间的方式使用上保持基本"平衡"。也就是说，"规训"的方式要使用，"民主"的方式也要使用，而且在"度"和"量"上要保持基本平衡。那么，教师能够在教育活动中依靠"个体理性"保持这种平衡吗？事实表明：教师个体无法在每个人每件事上保持这些手段的平衡；教师个体无法在任何时候任何地方保持这些手段的平衡。

第一，教师无法在每个人身上都保持这些手段的平衡。这是由个体理性的"心力"特点所决定的。"心力"只能将感情作用于较为狭窄的范围之内，并不是对所有人都可以投入同样的感情。正如在 2005 年 1 月 31 日水木清华 BBS 教育版有一个标题为"请问一下平等对待每个孩子问题"的讨论回帖中，许多人所表达的想法那样："在我看来，我们有这个愿望去平等对待每个孩子，并且努力去平等对待每个孩子。但是，客观条件是这样的，我们也是一个有感情有喜好有厌恶的人，就像我们对待周围的人，不可能对谁都一样好，总有自己喜欢和不喜欢的，但是，为了协调，我们努力使自己去平等地对待每个（学生）。"这个例子充分说明了如果依靠教师个人的理性能力来养成学生平等的人格，教师是做不到的。主客观条件的限制导致教师不具备这种能力，而不是教师不想去"作为"。虽然在主观上教师想对每个学生都一视同仁，但客观上教师总有情感喜好与远近之分，教师只能将积极情绪体验传递给一部分人，其他人有时则鞭长莫及。因而，从教师个体来说，无法给出真正的"平等"体验（尽管我们都知道，"平等"的真正内涵并非表现为对学生采取具体行为时的"相同"和"一样"；但是，如若以个体的方式对"他人"实施平等对待，就只能通过"相同"和"一样"的"形下"手段展现出"平等"的意蕴来。由此可见，单纯依靠"个体"对他人实施的"平等"不可能是真正的"平等"；而且，即使是"相同"和"一样"的表面平等，教师个体也无法给予）。

第二，教师无法在每件事上都保持这些手段的平衡。如果一个学生常常答错问题，该怎么办？一方面，老师知道应该让孩子体验"愉快地学习"，多表扬，有助于主体人格的养成；教师如果批评了，说了"不好、不对"仿佛就妨碍了学生主体性和愉快体验形成了；另一方面，教师也知道，处于发展期的学生还是应该知道"什么是对、什么是错"，对其应该有所"约束"才能成就"知识学习"的。那么，教师该怎么办呢？怎么能在每件事上都保持对学生"普遍人格"（社会性约束）和"个性人格"（个性自由与平等）处理方式的平衡呢？教师实在无能为力。

第三，教师无法在任何时候保持这些手段的平衡。一段时间内，由于教学任务的需要，可能全面采用"教授法"来教学；另外一段时间内，可能实施更多的是活动实践课，怎么可能任何时候都是平衡的呢？前文提及的"新手教师、有经验教师和专家教师在处理矛盾关系时表现出差异"的案例中，就可以看出教师在教育过程中时刻警惕、时刻紧张如何才能"既'放'又'收'"而不至于将教育偏向一面（本书并非认为教师用心做到"既'放'又'收'"的教育效果有什么过错，而是意欲表达"放"和"收"的手段本身不应该成为衡量的主要标准）。"何时'放'何时'收'"本应是教师根据具体情境自主选择的行为，如果教学需要，难道有的时候不可以全部"放开"吗？有的时候不可以全部"传授"吗？非要在时时刻刻都保持"既'放'又'收'"吗？教师之所以如此在乎、如此紧张这些

"具体方式",就是因为教育活动中平衡各种矛盾关系的核心支撑点是以"具体行为"为作用方式的"个体理性""个体智慧";在缺失了"公共理性"的刚性规则情境下,教师个体不得不选择此种"明知不能为"而"硬着头皮去作为"的下下之策。

第四,教师也无法在任何地方保持这些手段的平衡。学校以外的空间是教师无法起作用的。在学校中,老师对学生可能全部是表扬等正面强化;放学回家后,家长可能因为某件事进行了批评等负面强化,也就可能顷刻之间两种教育效果产生了"抵消"。因此说,在不同的时空里,教育中的对立性范畴之间的平衡,怎么能是教师依靠"个体理性"采取的具体方式所能把握的呢?

3. "个体理性"主导下的现实教育困境

依靠"个体理性"采取的具体方式把握教育中矛盾对立性范畴之间的平衡,在现实教育中已经演绎得比较普遍,甚至波及家长的所作所为。

有的家长为了给孩子积极的正面主体体验,竟然通过各种方式请求老师在班级中给孩子谋个诸如小组长、小班长之类的"官职"。由此可见,我们对于如何张扬儿童的"主体性"的理解发生了多么大的扭曲。依靠个体理性的具体方式来促成学生"社会性规训"与"个性张扬"的和谐发展是对"本真"教育的变相扭曲,也必然造成现实教育的诸多困境。最主要的困境,是教育培养了一种"夹生"的人。

教育培养"全面的人"中"社会性自我"和"个性自我"矛盾关系的处理,不能够依靠个体理性为主要着力点,个体理性只会导致一种"虚伪的辩证","普遍人格"和"个性人格"都不能得到充分发展,培养了一种"夹生"的人。"夹生人"的形成是由"个体理性"发挥作用的方式决定的。通过"个体理性"来处理教育中"普遍人格"(社会性约束)和"个性人格"(个性自由与平等)的矛盾关系,只能表现在"具体行为方式"上。而这种具体方式的使用,必须既要批评又要表扬,既要规训也要民主,此时批评,彼时表扬。再加上教师个体的"批评和表扬"等方式能够决定教育培养出来的人是"规训人格"还是"张扬人格",而现实教育中教师个体无法也不可能在每个人、每件事情上、任何时候、任何地方都保持这些手段的平衡,所以教育养成了一种"夹生人格"也不足为奇。此时是得到张扬的主体性人格，彼时是受到规训的懦弱人格，此起彼伏。但这绝非意味着"二者的融合"，恰恰是一种"伪辩证""假融合"，只能是一种"恍惚"的、"夹生"的人格，"社会性约束"和"个性自由"都没有发展好。而且可以这么说，西方教育一直引以为豪的"主体人格"的成功养成，并非因为他们的教育活动中没有"约束和规则"，他们的约束有时甚至是严厉的、不留情面的。即使这样，西方国家的教师也没有因此而过分权衡和焦虑他们的个人行为是否影响学生"主体人格"的形成。所以，教育要培养主体人格还是压抑人格，主要着力点并不在于教师个体所表现出来的"规训还是民主"的方式上，更不表现为教师个体如何通过个体主观理性来想方设法实现二者"融合"上，因为那必将走向一种"伪辩证"。因此，个人以理性的方式为核心对现实所赋予的多元矛盾环境做出反应，往往会造成理性行为的病变，说的正是这个道理。

4. 以"个体理性"为主导造成的理论后果

正如福柯对理性的论述那样："自18世纪以来，哲学和批判思想的核心问题一直是，今天仍旧是，而且我相信将来依然是：我们所使用的这个理性究竟是什么？它的历史后果是什么？它的局限是什么？危险是什么？"[①] 通过对个体理性为主导导致的理论后果的深刻考察，笔者认为它造成了教育实践的"情境理性主义"。

中国现实教育在经历了赫尔巴特传统教育模式与杜威现代教育模式两种极端之后，试图引入哈贝马斯的交往理性（又可称为情境理性[②]，后文为了与"情境理性主义"保持概念上的一致，都用"情境理性"来指称）来改革教育教学实践。"情境理性"的引入，意图通过师生之间的对话和交往，既不要绝对教师中心、知识中心，也不要绝对学生中心、活动中心，以此来调和教育中的诸多对立范畴。但是，审视和确认中国教育现

---

① [法]福柯：《什么是启蒙》，转引自[美]道格拉斯·凯尔纳、斯蒂文·贝斯特《后现代理论》，张志斌译，中央编译出版社1999年版，第47页。

② 情境理性，与"交往理性"含义本质相同，汪丁丁在《情境理性》一文中说道，"哈贝马斯所谓'交往理性'，其实是情境理性的普遍化，理性在不同场景里是不一样的（《后形而上学思考》，1994），因此需要通过交往才能够知道什么是理性的，从这个意义上讲，二者的本质含义是相同的。本书之所以用"情境理性"的名称，而不用交往理性，是为与后文提出的"情境理性主义"概念保持一致。笔者认为，"情境理性主义"比"交往理性主义"更能够使人们深刻理解和认识本书所要批判的教育现象，这在后文会有详细论述。

实,笔者只能说,非但没有形成"情境理性",反而在"情境理性"的掩盖下,客观上形成了特殊的"情境理性主义"。"情境理性主义"对教育实践的影响,有使教育实践产生"既无法形成社会性规训,也无法生成个性自由人格"的倾向。令人担忧的是,这样严重的后果并没有得到教育界的普遍确认和理论认识,因此,着实需要认真而深刻地对其加以批判。

情境理性,英文"Situated rationality",也可译作"场景理性"。哈贝马斯在其《后形而上学思考》(英译本,1994)中反复使用了"情境理性",并指出,"理性"必须被放置在一定的情境里才是理性的,因此,情境理性是指依赖于情境(场景)的理性,从根本上区别于康德的"先验理性"。

"情境理性"的提出有其深刻的时代背景。文艺复兴之后,人的自我意识全面苏醒。笛卡儿提出了"我思故我在",并引领建构起了欧洲大陆唯理主义哲学体系。康德又在《纯粹理性批判》(1781)中提出了"先验理性",认为理性具有普适性和先验性,至此,理性具有了前所未有的至高地位。不久,叔本华和尼采就以意志代替理性,开启了后现代主义对理性的颠覆。到了哈贝马斯,他决心重建理性,抛弃先验理性,否定完全非理性,转而提出"情境理性"(Situated rationality)的概念,强调理性在不同场景里是不一样的(《后形而上学思考》,1994),认为人只有在具体情境中通过交往才能够知道什么是理性的。正是从这个意义上讲,情境理性与交往理性的含义本质是相同的,交往是在具体情境中的交往,情境是一种进行交往行为的情境。

"情境理性"的流行也有其深刻道理。"后现代对现代的批判,焦点便是理性的实质问题。对一位康德主义或新康德主义者来说,理性是纯粹的、先验的、普适的;而对一位后现代主义者来说,理性早就是一堆碎片了,甚至在历史上也从来没有出现过自恰和普遍适用的理性原则……于是,情境理性日益取代先验理性,成了这个纷乱世界上的时髦词语之一。"[①]"情境理性"理论告诉我们,理性不能独立于场景而存在,人只有处于一定的具体语境中,才能够理解和体会什么是理性的交往和对话,才能判断什么样的选择是合理的。因此,各个领域开始引入"情境理性"改

---

① 汪丁丁:《情境理性》,《IT经理世界》2004年第1期。

革本领域的实践活动。教育活动也一样，教育与交往、教育与交往理性等主题开始成为教育研究的热门话题，并深入影响了教育实践。

中国教育实践引入"情境理性"，注重教育参与者之间的交往，在一定程度上促进了中国教育的发展，使中国一直以来比较薄弱的"主体人格"培养有所提升。但是，随着改革实践的逐步深入就会发现，中国教育实践者们运用的实际上是一种，"变了形"的"情境理性"、"变了形"的交往与对话，而且这种"变了形"的"情境理性"又困扰着教育理论者和实践者们，进而重新阻碍着教育改革的进一步发展。在这里，笔者把出现的这种阻碍教育实践的症结——"变了形"的"情境理性"，命名为"情境理性主义"。

"情境理性主义"，正像"理性主义"把"理性"提高到普遍化的地位一样，把"情境理性"中依据场景和情境来做出判断的趋势普遍化了，从而把"情境理性"中提出的"不能绝对、孤立地做出行为选择——有的时候要这样，有的时候要那样"的本意完全相对化，没有了基本的"共性依据"，导致个体行为者不知道该怎么办，好像"这样也不对，那样也不对"，于是造成了一种"无所适从"的尴尬局面。

具体说来，处理矛盾关系的"情境理性"，是一种包含"制度情境理性"和"个体情境理性"的双重理性行为。即，"情境理性"首先从根本上是一种以交往为基础的制度情境理性；其次才是由人的主观努力、意志来承担的个体情境理性。而之所以会出现"情境理性主义"，是因为本应该由"制度情境理性"来完成的任务，由于中国教育制度自身的问题，无法完成"情境理性"的制度性要求，而人为地将处理矛盾关系的主要着力点落到了"个体情境理性"——教师和学生的个体主观努力上，从而造成了"情境理性"的相对化——"情境理性主义"。

笔者认为，中国教育实践把"情境理性"变异到"情境理性主义"，是把"情境理性"偏执化为一种个体行为，抛弃了可选择的"集体共识和理性"的现象。但它也绝非等同于后现代非理性，主张"怎么都行"，而是试图通过"个体主观理性"来衡量具体情境，试图达到一种所谓的"全面辩证把握"，导致个体因为无法做到"全面辩证把握"而陷入无所适从的境地。也就是说，即本应以"公共理性"为主导，却以"个体理性"为主导，从而造成了"情境理性主义"。"情境理性主义"作为"交往理性"（情境理性）在实践中扭曲的真实写照，它有使教育活动在摆脱了单纯的个人经验和普适理论为培养人之着力点的发展阶段后，重新陷入"不知以何为着力点，依靠什么来培养人"的混沌当中。因为在"具体问题具体分析"的原则下，如果依据了某种"共性标准"，仿佛就会造成"僵化和教条主义"；而如果以"个体理性"选择为依据，个体的有限理性之局限仿佛又会造成教师无所适从的尴尬局面，在影响教育效果的同时，也造成了教师和学生的无限压力。

（三）合题：教育"公共理性与个体理性"的辩证关系

有必要重申教育发展中"公共理性与个体理性"之间的辩证关系。教育生成人，要在"交往"中进行。"交往理性"是一种包含"制度交往理性"（公共理性）和"个体交往理性"（个体理性）的双重理性行为。即，"交往理性"首先从根本上是一种以交往为基础的公共交往理性；其次才是由人的主观努力、意志来承担的个体理性。

第一，教育发展中公共理性具有先在性，是核心主导。

教育发展过程中，公共理性相对于个体理性来说，具有前提性地位。正是因为公共理性的存在，才使得个体理性得以充分且合理地发挥作用。教育公共理性的立场是，公共理性关注于教育交往行为的秩序及其规则，公共理性的秩序及其法则为个体理性确定了一个合理的边际。没有教育公共理性，个体理性很可能陷入无序性之境地，并导致教育发展失范。黑格尔曾以思辨语言表达出，个体只有获得普遍性品格才能成为真实的、有个性的个体，揭示的正是这一哲理。如果在一个具体的教育历史时空中，教育发展中公共理性对于个体理性的这种先在规定性就会一目了然。教育公共理性对于个体理性的这种价值优先性地位的思想，也在这个意义上充满了智慧。在教育发展中以制序公共理性为核心，具有重要意义。一是教师获得了解放，无须再为无法把握的"社会性自我"与"个性自我"的"度"而承受沉重压力；二是学生获得了真正的发展，真正获得了"社会性自我"与"个性自我"有机结合的主体间性。

第二，教育发展中"个体理性"是"公共理性"的展现形式，不可或缺。

个体理性在教育发展中不可或缺。公共理性中必须有个体理性对自我事务的选择与参与，公共理性才会形成。在制序公共理性为培养人的主要着力点的情况下，教师个体可以在一种比较自由和轻松的状态下发挥作用，无须担心"批评"了就妨碍了主体人格的形成，"表扬"了就不能让学生真正学到知识，因为这些都由制序规则来实现和完成。在这种情况下，教师的压力会减轻，也不会无所适从。教师个体的理性就表现为一种具体手段的选择。体现为"什么时间表扬；怎么表扬；用什么方式表扬，语言还是物质奖励。有时候为了表扬可以采取批评的形式，为了批评可以采取柔和的方式，等等。多讲知识还是多做活动，要看具体课程的要求"。由此，教师就可以真正展现"个人实践智慧"，提高教育质量。

由此，教育发展过程中，教育制序公共理性与个体理性是一个和谐的统一体。教育制序公共理性具有先在性，是核心主导；"个体理性"是"公共理性"的展现形式，不可或缺。没有制序公共理性为保证，个体的理性无从谈起，也不会真正切实地存在；如若没有以个体理性为基础的主观努力，制度公共理性也无法实施，只是一个空洞的原则。总的来说，"教育制序发展理路"以"制序公共理性"为主要着力点，以"个体理性"为展现形式，这才是"教育制序公共理性生成人"的本真旨归。

第四章 教育制序发展理路形成的影响因素

本章对教育制序发展理路影响因素的分析,试图回答为什么我国长久以来一直存在教育制度,却没有形成教育制序公共理性,也没有依靠制序公共理性来培养人,为后文教育制序发展理路如何建构奠定了基础。

一 制序理路影响因素的内容构成

正像"公共理性有三个组成方面——公共精神、公共规则与公共力量"①,制序能否形成也受到三方面因素的影响:制序精神、制序规则、制序力量。

制序公共理性,首先,要求一种制序精神信念,它是对主动选择制度公共理性的精神自觉;其次,要求一种制序规则,它是人们在公共领域中理性学习所形成的主动遵守的自我规则和规程;最后,要求一种制序力量,它是人们在实践中为了实现制序所保证的自我利益而借助于政府所实现的一种公共权力的自我管理。

(一) 制序精神

1. 概念

制序精神是指对于正式的契约、规则、守则主动承诺、认可与笃行的自律精神与信念。制序精神是对制序本身价值认可并能提供积极价值支持的一种精神,一个国家民族和组织团体是否具有制序精神,影响着制序规

---

① 高兆明:《公共理性·市场经济秩序》,《东南大学学报》(哲学社会科学版) 2002 年第 3 期。

则能否成为主动自律的"自我规范"。一般来说，制序精神的养成具有国家、民族和团体的特性。制序精神能否成为一个国家的民族精神，并积淀为社会文化心理，成为社会民众的一种自觉，是通过个体对制序精神的自觉认同，从而成为一种习惯与风尚，并内化为道德自律，自觉起到对社会成员行为的自我规导作用形成的。一个国家民族是否具有制序精神，与其文化传统、伦理思维等密切相关。公共理性精神为制序社会的形成与发展提供了最基本的价值观念平台。

2. 我国的教育制序精神的现状分析

我国教育制序精神作为一种追求制序公共理性的精神和信念，表现出整体缺乏的态势。表现在教育领域中，存在诸多与"人治主义""人情主义"相联系的"重事理，不重规矩"的习惯。对于教育"公共"的东西，诸如教育规则、教育秩序等，很多教育参与者认为那不是自己的规则、秩序，习惯于把它们当作"别人的"或"为了别人"的教育规则、秩序。因此，考虑事情的角度不是"怎么利用教育规则"来"成事"，而是一旦觉得它有对自己不方便的地方，就首先考虑怎样超越它、绕开它，通过走后门、托人情、拉关系等方式，在教育规则之外寻求解决，从而使自己成为教育规则、教育程序和教育秩序中的"例外"。中国教育制序精神缺乏与中华民族的文化传统、伦理思维等诸多方面密切相关。

第一，中国制序公共理性精神的缺乏与文化结构有关。

中华民族有着深厚的文化积淀，文化结构影响着每个人。中国人的"良知系统"中，中国文化对"人"的设计是"没有个体自我的疆界的"[①]。"仁者，人也"，"仁"是"人"字旁一个"二"字，亦即是说，只有在"二人"的对应关系中，才能对任何一方下定义。在传统中国，这类"二人"的对应关系包括君臣、父子、夫妇、兄弟、朋友。这个对人的定义，到了现代，就被扩充为社群与集体关系，但在"深层结构"的意义上则基本未变。中国人的"良知系统"把人分成"身"和"心"[②]的设计。在中国文化中，单个的"个体"设计成为一个"身"，是生物性个体的身体的意思，是完全个体性的；而"心"的表现就是人与人之间的互相

---

① 孙隆基：《中国文化的深层结构》，广西师范大学出版社2004年版，第13页。
② 同上书，第16页。

照顾和关怀,个体心的实现,只有在"人情的磁力场"中才能自我完成。一般中国人的常态是用渠道化的"二人"关系去定义任何一个"个体",因此,就倾向于把个体当作没有合法性的。因此,在中国文化中,"二人"定义"一人"的设计,就是让双方感觉对方的"心"到"自己身"上时,才去"做人"。① 因此,中国人的世界只可能是人情化的世界,靠人情关系的世界。对于绝大部分老百姓来说,心意所到的地方,只能是"自己人"的圈内。在这个圈内,总是以对方为重,十分礼让。因此,社会就组成了这样一个一个的以"自己人"为圈子的"礼俗社会"。然而,在各自心意不到的地方,亦即不是自己人的地方,就完全失去秩序。"一旦作用失灵,就会出现道德低下、私心泛滥,表现为踩了别人也白踩,坑害别人也白坑,不是为了咱们的谁谁吗,要不然我也不会做的,等等,都成为借口。"②。

杨曾宪曾在其《仁爱是普世美德伦理吗?——儒家伦理历史与当代价值的科学评析》中有过类似的论述③。他认为,在儒家文化中,仁学中的"人",从来就不是单数的个体存在。"仁者,人也",实则"二人"也,关系也;离开人伦关系的对象,就没有"人"。儒家仁学系统中的"人",只是复杂的宗法人伦网络节点上的角色集——为臣、为父、为夫,等等,而不是独立的个人,更不是现代意义上大写的"人"。这一点也曾为新儒家所公认,梁漱溟便反复指出"中国没有个人观念",并称之为中国文化的最大之偏失。张东荪也认为:"在中国思想上,所有传统的态度是不承认个体的独立性。"儒家"人"中无我,这是不争的事实;所谓"仁"的精神,也就是无私忘我,忠于宗法角色的伦理精神。子曰"克己复礼""天下归仁","归"的就是用礼制名分或宗法角色取代自我的"仁"。因此,作为体现这种"无我"精神的"仁爱",在其逻辑起点上,便是与现代文明原则相背离的:作为现代美德的爱必须尊重彼此人格与权利,是个体自由、自愿地奉献,而仁爱却是一种完全无视个人权利、不尊重个体自由、由角色

---

① 孙隆基:《中国文化的深层结构》,广西师范大学出版社2004年版,第72页。
② 同上书,第78页。
③ 杨曾宪:《仁爱是普世美德伦理吗?——儒家伦理历史与当代价值的科学评析》,《学术月刊》2003年第3期。

规范所预设并倡导或推行的爱。李泽厚先生更是一针见血地指出，中国人所"爱"之"众"，是"小众"，而不是现代意义上的"大众"。

第二，中国制序公共理性精神的缺乏与伦理传统有关。

中国人的伦理思维特点直接是由中华民族的文化传统所决定的。但是，为了更加强调和彰显因为文化传统而形成的中国伦理思维对于制序社会的形成所具有的重大影响，特别提出来作以论述。

中华民族因为古老的伦理道德文化而被称为东方"礼仪之邦"，中国儒家道德文化源远流长，使得以家族伦理为轴心而建构的"三纲五常"的伦理系统一直占据中国社会的伦理主导地位。尽管随着社会的进步与发展，中西文化的冲突，已经促使中国在伦理道德领域有了新的适应现代社会之特点。但是，中国伦理文化的长期熏染，使得中国的伦理思维一直如中国各位名人志士所陈述的那样，具有鲜明的民族特色。严复已揭示了中西伦理"以孝治天下"和"以公治天下"之别[①]。陈独秀强调，"中西文明的根本差异，在于'家族本位'与'个人本位'、'感情本位'与'法治本位'的对立"[②]。梁启超认为，"中国伦理的缺失，在于重家族伦理而轻社会伦理和国家伦理，重私德而轻公德。儒家'五伦'的君臣、父子、夫妇、兄弟、朋友，以家族伦理为中心，而缺乏社会伦理和国家伦理"[③]。他还认为，"中国社会组织以家族为单位，不以个人为单位。中国有族民而无市民，有族自治、乡自治而无西方之市自治"[④]。梁漱溟指出，"中西文化以'伦理本位'与'个人本位'、'家族生活'与'团体生活'为特色。中国人之缺乏公德，表现为公共观念、纪律习惯、组织能力、法制精神的短缺。其原因在于中国人偏重家族生活，而缺乏西方式的集团生活的传统"[⑤]。

中华民族制序公共理性精神的缺乏遭到了众多批判。例如英国学者李约瑟在《科学思想史》一书中说："中国人认为他们可以漠视成文的法律，

---

① 严复：《论世变之亟》，卢云昆《社会剧变与规范重建——严复文选》，远东出版社1996年版，第5页。
② 陈独秀：《东西根本思想之差异·独秀文存》，人民出版社1988年版，第28—29页。
③ 梁启超：《新民说》，人民出版社1994年版，第16—17页。
④ 同上书，第208—209页。
⑤ 梁漱溟：《中国文化要义·梁漱溟全集》（第3卷），人民出版社1990年版，第67—71页。

如果他们发现这些法律与自然法不尽一致","倘若法与礼相抵触,这法一定是虚假的"。德国哲学家黑格尔在《哲学史讲演录》一书中也说:"在中国人那里,道德义务的本身就是法律、规律、命令的规定。所以中国人既没有我们所谓法律,也没有我们所谓道德。"中国人历来不重视法律,只重道德,即狭小范围之内的道德,因此说,中国就是典型的熟人社会,讲人情、讲关系。而且,中国人讲人情,一方面为自己谋利;另一方面,当事情不涉及自己的时候,往往是"事不关己,高高挂起"。也就是说,一方面,人情腐败扭曲了正常的社会组织系统,当各种社会关系情缘化之后,师生关系、政府与教育组织之间几乎所有的民主程序(包括评奖、选优)都变了质;另一方面,事不关己造成了人情冷漠。如19世纪末美国传教士明恩浦便在《中国人的特性》一书中,详细记载过国人对落水者见死不救、冷眼旁观的情形。他还观察到,每当一场大火降临时,"总有人在那里看热闹",但很少有人主动参与救火。

那么,中华民族制序公共理性精神是否能够"养成"呢?从现实来看,普遍存在信心不足的现象。

无论是从文化结构还是伦理传统来看,中国人整体上表现出一种只关注家庭利益的利己主义,这种家庭中心主义导致了中国人往往对公共事务缺乏关注("各人自扫门前雪,莫管他人瓦上霜"),即"缺乏公共精神"。中国一向缺乏自由民主的传统,面对长期以来流行的拉关系、走后门、暗箱操作、注重"潜规则"之现象,韦森认为中国社会无法自发衍生出制序社会来,也就是说中国人无法自发产生制序公共精神。因为"人际关系的个人化和熟人化、内部离散的社会结构,以及社群或社会内部交往的'关系网络',在这种社会中,社会主要是通过一种非正式的经济惩戒机制来诱导每个人不采取'不合宜'的行动策略选择……人际关系的个人化、熟人化和不能抽象化,也自然会导致倡导诚信、守德、履约的集体或社群主义社会内部人们交往与交易的半径大大缩小,即一般发生在家族、亲友和熟人圈中,从而无力拓展出哈耶克在《致命的自负》中所说的'人之合作的扩展秩序'来"[①]。制序社会的"一个先决条件是人的个性自由、个人自

---

① 韦森:《文化传统中的个人道德与制序演进》,《二十一世纪》(扩增版)2002年第2期。

主，构成一个法理社会。从社会制序的经济分析视角来看，只有每个人在社会结构中获得了自己的独立人格，从而个人有了'自主权利'，才能进行独立的市场交换，才能生发出现代市场经济秩序"①。但是，中国社会历来注重德治、礼制，没有独立的人格，是一种礼俗社会，这就是现代中国社会生发不出"法理社会"的原因。中国人无法自发产生制序公共精神，有的人痛心地指出这是"积习很深，几乎积重难返"。

中国人对制序公共理性精神的"养成"表现出信心不足，还主要是因为，当前中国社会正处于历史转型期，处于一个由封闭社会向开放社会演进、传统人格向现代人格转换的过程，与之相伴的必然是两种社会新旧体系的瓦解和重建。而在新体系完善重建的过程中，旧的熟人道德体系在转型期正在逐渐崩塌，而新的制序社会体系还没有建立起来，所以人们满眼看到的，必然都是"道德失序"和"信用失序"，新旧道德转换中青黄不接的道德失范，表现为诚信危机、公德缺乏，人们必然会发出"人心不古，世风日下"的感慨，就会更加对制序公共理性精神的养成缺乏信心。

制序精神是制序构成中的思想氛围因素，如果说我国不存在制序精神，那么一切试图建构制序的努力从一开始就是徒劳和无用的，没有开始就注定了失败的结局。因为，任何合理有效的制序规则，不管怎样人们都不会去选择，宁愿选择"潜规则"，那么，制序建设从一开始就注定了"不可能"。因此，我国制序公共理性精神是否能够养成，以及如何能够养成，必须深刻论证。这将在后文教育制序形成的制约因素核心确认中进一步分析。

（二）制序规则

制序规则来源于公共规则，是制序构成中的实体部分。制序规则是指为实现某种目标而提供的能够得到人们自觉遵守的最基本的活动规则、制度性安排。简单地说，制序规则就是合理合法的正式制度和公共规则。制序规则体系，是对各项活动具体过程的程序性规范要求，正是这些具体规则体系才能够保证人们在平等自由的前提下进行合理抉择，一方面可以调

---

① 韦森：《文化与制序》，人民出版社2003年版，第99页。

动人的积极性和创造性，另一方面可以降低交易成本，大大提高效率。通常所说的市场经济是法治经济、信用经济等，所指的正是市场经济的这种规则性。制序规则之所以能够成为人们的自我规范，合理合法是其最大的特性与本质要求。

我国教育制序规则现状如何呢？总的来说，大量存在着"潜规则"现象，对正式制序规则的主动选择性不足、自觉性不足。这里当然不是否定"潜规则"本身的意义，但是，当某些时候"潜规则"有代替"正式的制序规则"的倾向时，就应该警惕了。我国现存的某些"正式教育制度"，或者以一种"本质主义"的面貌出现，教育制度对于人来说是一种压抑、窒息和肆虐，制度中无"人"，压抑了人的积极性，阻碍了人的发展；或者表现为另一种极端，制度对于人来说是一种正如黑格尔所说的"有之非有""存在着的无"，因为制度规定的都是一些无足轻重的事情，根本不涉及实质性问题，可有可无。所以，现存的"本质主义的肆虐"和"存在主义的虚无"制度形态，造成了实然存在的教育制度因为无法发挥其应有功能，而无法成为人们行为时的主动选择。

制序规则是制序构成中的核心实体构成，至于我国教育制序规则现状的具体表现在此就不详细论述了。本章的核心要点是要确定"在影响制序理路形成的三个因素中，制序精神的建设实际是个制序规则建设的问题，制序力量建设实际上也是个制序规则建设的问题"。所以，重心在于对其他两个影响因素的分析，在确定教育制序理路形成的核心影响因素是"制序规则"之后，在本书的第五章、第六章对教育制序理路的制序规则进行重点分析与建构。

（三）制序力量

1. 概念

一般来说，制序规则最终都要通过法律法规的形式加以肯定，并以国家强权为保证。制序力量就是在这个意义上的概念。制序力量的实质是公共权力，制序规则最终必须借助于公共权力来实现，这正是契约论思想所揭示的深刻内容之一。说到底，制序力量就是借助政府实现制度的公共管理。

作为制序公共理性的公共权力以政府的形式存在。政府的要旨在于其公共性。因为，第一，公共性即是政府的正义性之所在，亦是政府权力的合法性依据之所在。第二，制度秩序的建立与巩固，同样需要政府公共权力的规导，这种规导既体现在对于制序规则，即基本制度的制定，也体现在对具体运作规则的维护上。公共权力有一个基本矛盾，这就是"公共权力尽管是公共的，但却是民众自身的，这种民众自身性有两方面意蕴：公共权力来源的人民性，以及公共权力行使权力发挥作用所借助或着眼的正是民众自身的理性精神及其力量"①。因此，政府不能是脱离公民的、高置于公民之上的政府，政府公共权力的实施应该是无偏颇性的，公共权力不能有自己的特殊利益，为所有人的公共旨趣即是其追求。

20世纪90年代中期以来，西方国家在政府如何有效推进公共行政管理方面，兴起了治理理论。也就是要改变政府作为单一权力中心的地位，打破政府对公共权力的垄断，使政府与社会机构共同分享公共权力，共同治理社会公共事务。

2. 我国教育制序力量现状分析

从现状上看，我国教育制序权力作为一种制序公共权力管理，表现出管理的公共性不足，导致教育制序管理中公共权力的异化与错位。这种异化与错位的表现需要从公共权力"政府与人民"之间的内在矛盾出发来分析。

第一，教育制序权力公共性不足。

在我国，教育制序权力公共性不足有两方面的表现。表现之一是公共权力的私化；表现之二是公共权力的滥用。

首先，教育制序权力的私用。主要指本应该维护公共利益的公共权力不适当地维护了部分特殊利益。通常表现为保障某些利益集团，维护一部分特殊利益和优势利益集团。公共权力是由社会中的所有利益集团相互博弈而确定的。在最终形成权力中，不同的利益集团占有的利益是不一样的。如果把利益集团分为强势利益集团和弱势利益集团，弱势利益集团因为对政策的影响较弱，因此其利益经常不能得到公正体现。在我国教育中，体现比较明显的是农村教育问题，农民处于弱势利益集团中，自身利

---

① 高兆明：《公共理性·市场经济秩序》，《东南大学学报》（哲学社会科学版）2002年第3期。

益诉求在公共权力中不能够得到正常反映，经常陷入孤立无援的困境，造成了城市农民工子女入学问题、农村教育资源投入问题等，这些都与公共权力使用的偏颇性密切相关。教育公共权力中对于利益集团的权力均衡问题在我国已得到国家和社会的全面关注，并在积极进行治理，并已经成为当前教育发展集中解决的问题。

其次，教育制序权力的滥用。教育制序权力的滥用在我国屡禁不止，是让政府、社会头疼的事情。教育制序权力的滥用主要表现为以权谋私、权钱交易、教育权力寻租等教育腐败行为。择校费引发的"权力寻租"就是其中的典型案例。对很多城市居民而言，为了让子女就读名校而掏出相当数额的"择校费"已是生活中必不可少的一部分，收缴"择校费"已成为"权力寻租"的一种形式，极易滋生教育腐败。由于不同学校的教学资源和质量各有不同，有经济能力的学生都在想方设法进入师资和教学质量较强的学校，正是这种"供求关系"造成了"择校费"的产生。《21世纪经济报道》在2004年2月16日的一篇题为"广东人大代表炮轰教育'权力寻租'"的报道中，人大代表就指出，"数百上千万元的'择校费'究竟流向何处，是按怎样的比例来分配使用的，学生和家长并不清楚，也很少有部门进行有效监控"。《中国青年报》也在2004年7月21日刊发题为"关系和钱能破高招分数防线？"一文中指出，广西的高考考生间流传了这样一种说法，"高考录取20%靠分数，80%靠关系"。高考成绩还没出来，不少家长就已经开始暗中"活动"了。文中还列举一名考生自称，在高考录取时，他家人已经为他打通关节，改了档案，将他安排在北京某大学；而他的姐姐去年也是通过走关系花钱进的北京某重点大学。专家对此现象郑重呼吁：无论是诈骗现象还是权力寻租，社会各界都应无情揭露。某教育学者面对一些学生和家长的疑惑，耳闻目睹了一些情况后，痛心地说："高考录取出现了很不正常的现象……我不知道是他们出来骗钱，还是高考真的腐败到这个程度！"这种教育中的权力寻租现象严重影响了教育形象，学生们感到了极大的不平等和不公正。"难道学习真的不重要了吗？"一些成绩较好的考生开始担心考上了也会被挤走。高考成绩高出本科线很多分也常常会担心自己的名额会不会被那些弄虚作假的考生抢占。滥用教育公共权力造成的教育腐败，严重影响了教育政府部门的形象。人们开始对公共权力产生不信任，久而久之，造成了恶性循环，人们愈发对公共权力不信任，就会更加造成权力腐败。对于教育这一"公共"事业，人们不是考虑"怎么利用教育规则"来"成事"，而是考虑怎样超越它、绕开它，通过走后门、托人情、拉关系等方式，在教育规则之外寻求解决。教育制序权力的滥用使得制序力量更加呈现出公共性"不足"的趋向。

第二，教育制序权力公共性建设中存在信心不足现象。

教育制序权力公共性建设之所以信心不足，原因在于某些学者认为造成教育腐败的主要原因是中国人的道德素质低下、精神境界不高。比如，当公共权力交由一些公务人员去执行时，某些公务人员的价值观、人生观扭曲，为人民服务意识淡薄，错误地把自己置身于人民群众之上，道德不够高尚，尤其是满足个人欲望的动机可能压倒为公共利益服务的愿望，面对与己有关的特殊利益时，就会偏离公共角色规范和公共权力行使规则，为个人牟取私利，造成损害公共利益的权力腐败。而且认为教育腐败问题甚至是全社会的腐败问题，会在中国历史上存在，现在存在，并会一直存在下去。正是因为人们把"教育中的乱集资、乱摊派以及学校中存在的挥霍浪费、中饱私囊的腐败行为"归因于我国人民道德水平低下、境界不高等人性原因，从而导致了对我国制序精神的"养成"缺乏信心。

制序权力是制序构成中的权力保障因素，如果说我国制序规则不能够得到有效执行保障，一切试图建构制序的努力也许可能前功尽弃。因此，我国制序权力公共性是否能够建成，以及如何能够建成，必须得到合理论证，这将在后文的教育制序形成的核心因素确定中进一步分析。

二 制序理路影响因素的核心确定

通过对教育制序发展理路形成的影响因素的三方面内容——制序精神、制序规则、制序力量的现状分析，发现我国教育制序从整体上表现出制序精神缺乏，制序规则规范性不足，以及制序力量公共性不足的特征。本部分要在对制序精神和制序权力不足的原因剖析的基础上，揭示制序理路形成的核心影响因素在于制序规则，由此确定了制序理路型构的核心与关键。

(一) 制序规则的不合理：制序精神公共性缺乏的根本原因

1. 中国人是否天性缺乏制序精神

从前文列举的中国人存在着众多在表面看起来与制序社会所不相容的人性特征来看，仿佛中国人从本性上就缺乏制序精神。那么，怎么来看待这个问题呢？是否中国人在本性上、天性上就缺乏制序精神呢？

首先，中国人天性就没有博爱的伦理精神吗？当然不是。因为，中国人的天性善良和对人仁爱同样是闻名遐迩的。能够"己所不欲，勿施于人"，也能够在互不相识时表现出舍身救人的高贵品格，这样的事例也不胜枚举。

其次，中国人天性就不遵守公共秩序，没有公德吗？当然也不是。虽然在表面上，中国人存在有失公德的地方，有人甚至认为，"从本质上讲，中国公德领域中的道德危机，只是在市场经济刺激下，国民劣根性的大暴露而已"。但是，中国人的某些高尚情操也是受到世人景仰的。面临外敌的入侵，中国人也有不怕牺牲、舍小我顾大我、令外邦慨叹的英勇精神，这难道能说中国人天性中没有公共精神、没有为国为民的精神吗？

最后，中国人天性就是依附人格，而无个体意识吗？也不是。虽然中国人天性中存在如梁启超、孙中山、梁漱溟等人所说的"如一盘散沙""缺乏国家观念和团体精神"的一面；又具有五四时期如陈独秀、吴虞等人批评的"压制和扼杀人的个性"的一面；但是，同样，中国人也有鲜活的个性意识，众多文学作品中具有反抗精神的人物也令众人印象极深。因此，说中国人天生没有个性意识也说不通。

那么，为什么在中国一直存在"把制度当成摆设、虚设，当面一套、背后一套，表里不一，严重全无'制度'"的现象呢？为什么"在中国制度一直不是人们行为时的主要规则和依据，至多也就是众多依据之一而已"呢？为什么"甚至有时宁肯依照'潜规则'办事，而无视正式制度的存在"呢？这些疑惑一直是困惑中国人的"瓶颈"和"难解之谜"。

有人说，这跟中国人的思维方式和文化传统有关。从表面上看，中国人经常表现出与制序社会的制序精神所不相容的人格特征，倒也是事实。但是，如果就此推论中国人天性就素质低下，仿佛有些随意。那么，到底是什么造成了中华民族长久以来与制序社会不相容的人格特征呢？笔者经过长期思考，认为道德低下的"人性说"站不住脚。归根结底，中国人长期生存的封建社会的制序规则及其设计是根本原因。

2. 制序规则是如何对制序精神起作用的

"人性"不是亘古不变的，"人性"是在双重偶然性之下被抛入特定社会的个体"历史性"的表现，是一个创造性的过程，外在环境越复杂，生命过程中"人性"就越具有无限多的可能性。而制序作为人与人相互作用的规则和结果，起着规范和调节、塑造的作用，它直接决定着人在制序中的表现：是自觉主动地遵守，还是有意识无意识地抵抗，以及是否主动表现出制序社会的人格特征等。总之，无论是民族思维还是文化传统，虽然对制序精神的形成具有间接影响，却不起根本作用。根本原因在于调整人和人之间关系的制序规则。因此，要改变"无制序"的现象，改变现存的不适合制序生成的外在传统，还要在根本上从制度设计自身来着手。

制度设计的重要性在众多"好规则造就'好人'"事例中有充分的说明。"船主为何变善良了"的事例更能说明制度在人性形成中的重要作用。

在1718年，英国的许多犯人被遣送到澳大利亚流放服刑，私营船主接受政府的委托承担运送犯人的任务。刚开始，英国政府按上船时犯人的人数给船主付费。船主为了牟取暴利，克扣犯人的食物，甚至把犯人活活扔下海，运输途中犯人的死亡率最高时达到94%。后来，英国政府改变了付款的方式，按活着到达澳大利亚下船的犯人人数付费。结果，船主们一改以往的做法，想尽办法让更多的犯人活着到达目的地，饿了给饭吃，渴了给水喝，大多数船主甚至聘请了随船医生。犯人的死亡率降到1%。船主还是那些船主，为什么他们一开始刁奸耍滑，后来又变得仁慈了呢？并非他们的本性有什么变化，而是规则的改变导致他们的行为发生了变化。设想一下，假如进一步规定：在到岸港口验收时任何一个犯人必须身体健康，体重下降者不列入政府付费范围。相信船主们在途中一定更会将犯人们照顾得"无微不至"，更加极尽"人道主义"之责任。这就是制度创新的魅力所在。

另有"百分之百合格的降落伞"的事例也能充分说明这一点。

这是发生在第二次世界大战中期美国空军和降落伞制造商之间的真实故事。当时，降落伞的安全性能不够。在厂商的努力下，合格率逐步提升到99.9%，而军方要求降落伞的合格率必须达到100%。对此，厂商不以为然。他们认为，能够达到这个程度已接近完美，没有必要再改进。他们一再强调，任何产品的合格率都不可能达到100%，除非奇迹出现。不妨想想，99.9%的合格率，就意味着每一千个伞兵中，会有一个人因为产品质量问题在跳伞中送命，这显然会影响士气。后来，军方改变了检查产品质量的方法，决定从厂商前一周交货的降落伞中随机挑出一个，让厂商的负责人装备上身后，亲自从飞机上跳下。这个方法实施后，奇迹出现了，合格率立刻变成了100%。一开始厂商们还老是强调难处，为什么后来制度一改，厂商们再也不讨价还价，乖乖地绞尽脑汁提高产品质量呢？主要原因在于前一种制度还没有最大限度地涉及厂商们的自身利益，以致厂商们对千分之一的不合格率没有切身感受，甚至认为这是正常的，对伞兵们每一千人必死一个的现象表现漠然。后来制度的更改让老板们自己先当一回"伞兵"，先体验一下这"千分之一"的感受，结果奇迹产生了。相信这一定是老板们"夜不能寐""废寝忘食"的结果。

以上事例展现的制度设计与人行为表现之间的内在关联，充分说明了中国人制序精神缺乏必须从制序规则入手来寻找原因。有人提出"德制"①的构想，也就是用制度设计改变人们的道德与精神。

至此，我们再回过头来考察中国人制序精神缺乏的具体原因，主要是由中国特定的封建社会的制序规则造成的。中国传统社会一直以来都将儒家文化的私人道德领域，与国家其他社会公共生活——比如政治、经济等公共领域生活统合到一起，致使"家国一体、德法不分"。这样就更加使得本来应该由公共生活所塑造的公民公德意识（规则法律意识）因为儒家伦理对公共生活的参与，而没有形成。

儒家文化参与公共生活，就会按照儒家文化的特点来实施公共行为。儒家文化中的爱是有远近、亲疏、等级性差别的。也就是以自我为中心，

---

① 周勇：《公共管理视域中的道德教育和德制》，《行政论坛》2005年第2期。

按亲疏程度确定道德义务实施范围。这样，尽管从社会整体来看，儒家由亲情网络组成的宗法社会是"没有边界"的，可以"恩泽"到所有人；但是对每个伦理主体来讲，其仁爱行为的实施却是内外有别、有边有界的。《礼记》云："亲亲以三为五，以五为九……而亲毕矣。"因此，国人对所谓"五服"之内的长辈或同辈亲戚，即便心存芥蒂，也要作仁爱状，否则，便要遭到"六亲不认"的道德舆论鞭笞。这样，反而表现出在公共生活中对于不相识的人的冷淡与漠视。所以才会出现常人所批评的中国人没有"公德"的现象。同时，儒家伦理中没有公私界限、法权意识，更缺少法律至上的公正理念和守法精神，这样，当国家角色与情缘角色叠加时，国法与礼纲难免产生冲突，出现"人情大于王法"的现象。

具体地说，在中国人的社会交往中，仍然沿用私人领域的儒家礼制预设的"家国同构""角色差等"等组织原则来建立公共领域的"等级制"的制序规则，追求"礼法合一""非礼无法"（荀子语），以及后来的《唐律》达到的"一准乎礼"，都深刻表现出这一特点。"等级制"的制序规则虽然是"人与人之间的依附"的社会形式中最好的制序规则的形式表达（这也是封建社会中华民族居于世界主导地位、出现繁荣昌盛的原因）；但是，现代社会是从领域合一到领域分离、公共领域与私人领域相分离的公共社会，人与人之间由契约关系代替了身份关系，独立、平等、自由是人格的基本要求。此时如果我国制序规则的设计仍然按照"等级制"原则来进行，就自然不会自发衍生出中国人的制序精神来。

现代社会人们的利益要求是多元的，而且要求在利益上的平等。在正式的制序规则中，一旦这种多元性得不到正当的满足和平等的实现，而只能在单一的标准中按照"从高到低、从多到少"的等级排列来实现利益时，平等利益的需求就驱使人们寻求"等级制"之外的方法来满足自己的利益需求。这就是人们更多地选择"潜规则"而非"正式制度"的原因。此种情形，正像卢曼所阐述的那样："古代欧洲的等级社会规定，每个人（更确切地说是每个家庭）都属于一个阶层，而且只属于这个阶层。随着最初的功能分化，人们不得不放弃这种秩序。取代它的是对进入途径的调控，人作为个体生活在功能系统之外，但是，每一个体都必须获得进入所有功能系统的途径……每一功能系统都接纳所有的人，但所接纳的永远都只是在特定的情况下功能上相关的生活行为部分。"① 这就是对为什么人们不选择遵守正式制度而选择正式制度之外的"人情"最深刻的论述了。既然人们无法在正常的制序规则中实现自己的利益,只好跟中国的私人道德领域相结合,创造出"人情横行"的社会。有学者更加深刻地揭露了这一秩序的实质:"一旦中心秩序无法有效地控制边缘秩序,那么秩序的边界必然缩小。此外,当秩序内部大范围的交往被破坏时,相互信任减弱,整体秩序会被众多次级秩序所取代。"② 所以,中国社会存在"'制度秩序'被正式制度以外的'人情秩序'所取代"的现象也就不足为奇了。

由此看来,我国制序精神缺乏的根本原因在于制序规则的不合理。找到了这一根本原因,就找到了制序精神养成的切入点。而不会像以前一样面对制序精神缺失时只能无力地号召,盲目地宣传。

(二) 制序规则的不合理:制序力量公共性缺乏的根本原因

"制序力量"与"制序精神"一样,其公共性缺乏的根本原因在于制序规则的不合理。

私用滥用权力、腐败猖獗不是中国人本性。虽然有学者撰书专门论述中国历史上的腐败行为,而且在中国长期的社会发展过程中,腐败行为屡禁不止。但是,同"制序精神"现象一样,中国历史中清正廉洁的官员大有人在,且得到人民的尊敬和爱戴。所以,制序权力公共性缺乏的"人性说"也站不住脚。

制序规则是如何对制序权力的公共性起作用的呢?权力腐败是一项具有风险的投机行为,这种行为基本上是对收益与风险进行博弈之后,宁可取收益而冒风险的情况下发生的。下面这个例子可以典型地说明这个道理:澳洲海域附近的一些渔民经常会到当地海域去捕杀鲨鱼,以获得鱼鳍,卖出高价。其实这个地区的鲨鱼是禁止捕猎的。但这些渔民经常冒着巨大的危险去捕猎鲨鱼,一方面他们可能被抓而判监禁;另一方面,鲨鱼是巨大的海洋动物,捕杀鲨鱼的过程本身就具有很大的风险。尽管这样,这种捕杀行为仍屡禁不止。对于这种行为,当地的官员就深刻认识到了是什么

---

① [德]卢曼:《社会福利国家中的政治理论》,转引自[德]哈贝马斯《后形而上学思想》,曹卫东等译,译林出版社2001年版,第215—216页。
② 杨雪冬:《作为公共品的秩序》,《中国人民大学学报》2005年第6期。

让人们去从事这样高风险的行动。他们说，把这些渔民抓回来并判他们的刑是没有用的。他们被释放之后，仍然会回来捕猎鲨鱼。因为他们的生活别无出路。唯一能够解决这件事情的办法，就是为他们提供别的更好的生活出路，这种现象肯定会自动消失，因为他们也不愿意整天冒着生命危险去做这样的事情。

所以，对于权力公共性的建设，许多学者明确指出要通过制序规则来进行，通过制度设计来消除公共权力的内在矛盾，防止公共权力在实践中的异化，从而确保公共权力能够有效地履行其职能。这种通过规则设计来制约权力从而实现其公共性的理论源于人们对人性的认识与理解。亚里士多德有句名言："人一半是天使，一半是野兽。"自私、自利是人的本性中的一面，任何人无论怎样努力，都无法将内心的贪欲、兽性完全驱逐出去。文艺复兴时期，人性得到了肯定。到了恩格斯那里，"人来源于动物这一事实已经决定人永远不能摆脱兽性，所以问题永远在于摆脱多些或少些，在于兽性或人性的程度的差异"。正是在这种认识的基础上，人们相信作为公共权力存在的政府从其本身来说不是人民利益的异己存在物，只有通过制度设计来解决"国家或政府作为公共权力唯一的管理执行者和广大人民群众作为公共权力的占有者、使用者"之间的利益矛盾。曾经浏览过一篇题为"足球腐败如何治理"的文章，其中对治理足球腐败发表的见解就表明：足球腐败的治理关键在于制度，而不是仅仅宣传号召人们不要腐败，加强道德水平修养，加强人生观、价值观建设，可能会有一些作用；但更为根本的是，必须加强制序规则的力度。正如哈贝马斯深刻指出的那样："道德意识依赖于特定时代的生活方式和制度。"[①] 制度作为"普遍的他者"，对个体形成"社会环境的规范的行为期待，这些期待似乎已经深入人格内部"[②]。所以，制序权力的公共性增强，根本上在于制序规则的设计如何能够让人们去规避腐败的风险，主动关注公共利益。

通过以上的分析，我们确定了制序发展理路中制序精神和制序力量的建设实际上是一个制序规则建构的问题。三者在形式上是同构的，离开了

---

① [德]哈贝马斯：《后形而上学思想》，曹卫东等译，译林出版社2001年版，第200页。
② 同上。

任何一个，制序也建构不起来，但是要建构必须从制序规则开始，以其为核心。这一核心的确定使教育制序发展理路的建构找到了切入点。

至此，本章对教育制序能否建立的制序精神和制序权力的分析，实际上是一个理论解困、松绑的过程。教育制序精神和制序权力二者的建设都要通过教育制序规则的设计来实现。所以，教育制序理路影响因素的分析，实际上通过理论分析逻辑地归为一个问题——制序规则设计的问题。

三 制序规则作为核心因素的分析视角

制序规则就是指制度本身。制序由"制和序"组成。制序规则就是"制度"部分。从一般意义上说，通常情况下人们把规则就当作制度来通用。制度的实质就是规则，制度"存在于规范或规则的背景中，并为规范或规则而存在，这些规范或规则（以复杂的组合形式）各自对人在社会背景中的行为赋予意义，使之合法，加以管理甚至予以认可"[①]。制度概念就是用"规则或通过规则表述的，规则的任何出现、发展或进化的过程都可能是制度的出现、发展或进化的过程。这要取决于有关的机构将规则的发展或进化加以概念化的方式"。制度规则具有普遍性，不同于个别性、特定性、一次性的命令、指示或决定，而是一种包含着普遍性的允许、命令或禁止非特定的人们如何行为的规则。其所涉及的内容是"完全具有普遍性的事务"。从具体构成上看，制度是一些基本的准则、标准、规定等，它通过规定权利、义务、责任，或是赋予某种事实状态以意义而具有约束力。制度系统包括制度目标、对象、载体和具体条文等构成要素。由此可见，制序中"制"的设计是制序生成的最核心和本体的部分，它从根本上决定了"由制能否生成序"。

本书对制序规则（即制度）的建构无法也无力从制度目标、对象、载体和具体条文等要素出发，逐一给出具体条文，再加上本书行文性质和逻辑的规定性，本书拟主要从"原则和策略"角度加以挖掘。因为，如今人们关注制度的重心不是"制度本身"，而是制度与行为之间的因果机理，

---

① ［英］麦考密克、魏因·贝格尔：《制度法论》，周叶谦译，中国政法大学出版社1994年版，第20页。

即"制度的运行是如何引导和协调行为的"①。这是新制度主义给予的深刻启示。本书对制度如何实现的机理,就最终落实到制度实现所遵循的"一般原则"。然后,根据这一原则探讨其实现的策略,以期给出具象化的模式。这样,在我们把教育制序理路建构的核心因素确定到制序规则(即制度)之后,又鉴于制序规则(即制度)采用的是从一般原理、机理的分析视角,所以,后文对教育制序理路的建构主要集中在两个方面:一是原则角度的挖掘;二是实施策略角度的挖掘,并分别通过第五章、第六章来介绍。

---

① Oran Young, *The International Political Economy and International Institutions*, E. Elgar Pub. Co., 1996.

第五章　教育制序发展理路的建构（上）：原则篇

在进行具体建构之前，需要重申一下在前文中已经论及的制序特性问题——能否"建构或者设计"。现时代，哈耶克的"自生自发秩序"原理传入中国以后，仿佛制序的建构或设计已经成为"众矢之的"而不可提及，被认为是"逆潮流而行"之举。而本章明确提出"建构"一词，仿佛是"冒天下之大不韪"。因此，在这里需要阐明我对"建构"与"自生自发"的理解。人们一直没有弄清"自生自发秩序"原理与"现实制度的建构"之间的关系：仿佛自生自发，就不能建构；要建构，就不能自生自发。这是对哈耶克"自生自发秩序"理论的误解。

哈耶克的"自生自发秩序"理论是在本体论意义上论述的。何谓"本体论意义"？哈耶克在"自生自发秩序"理论提出之前，已经看到了现实制度的生成存在"自生自发和建构"两个方面，而且任何一个方面都是不可缺失的。二者到底关系如何，是"自生自发"在先，还是"建构"在先？本体论的哲学就诞生于如此对"关系"层面的反思。哈耶克的"自生自发秩序"理论就是在本体论意义上考虑"二者关系"的时候，提出应该是"自生自发"占据上位，"建构"不能忽视制序生成的自发逻辑和内在要求。因此，哈耶克所一直批评的"建构理性主义"，也是在认识"自生自发与建构"先在关系的时候，在本体论意义上认为"建构"在先，"自生自发"在后。从这个意义上讲，"自生自发"和"建构"两种制序型构方式，在现实经验世界中都存在，而且不可或缺。因而，并不是像现在很多人所理解的那样，在现实中或者"建构"不可以，或者"自生自发"不可能。如若当真"自生自发秩序"原理排斥经验世界中的"建构"方式，而"建构理性主义"排斥经验世界中的"自生自发"方式，就只能说"有如此流传后人、影响历史的理论创新"的先哲们"大智若愚"：他们不知道"制度一定是有人的主观意识的参与才能制定出来"，或者他们不知道"制度也有其不以人的意志为转移的自身内在规律性的一面"。好像这种可能性比较小。

所以说，"自生自发秩序"理论从来没有否认过对制序的"建构"，没有否认过人的意识对于"制序"的思考力。本书正是由此出发，基于对"建构与自生自发"关系的思考，将"建构"放在标题中明确提出来，并分别在第五章、第六章对教育制序理路分别从"原则角度"和"实施策略角度"加以建构。

一　原则的相关界定

（一）原则不同于规则

原则与规则是不同的。虽然规则（或规范）和原则都具有规范力，但是，"它们所起的指导作用的方式、它们本身之受到辩护的方式，都是不同的。关于规范和原则之间的区别，哈贝马斯认为如果可以把规范看作'普遍化了的行为期待'，那么也可以把原则看作'较高层次的规则'或'规范的规范'"[①]。比如，在科尔伯格的道德发展阶段论认为，在道德意识的"俗成阶段"，行为是根据对于规范的取向和对规范的有意违反来判断的；在道德意识的"后俗成阶段"，这些"规范本身也要根据原则来加以判断"[②]。从逻辑上说，"规则总是带着一个'如果'从句，明确说明构成其运用条件的那些典型的情境特征，而原则，要么其出现时带着未加明确说明的有效性主张，要么其运用仅仅受一些有待诠释的一般条件的限制"[③]。由此可见，制度原则是高于制度规则的最一般性的原理、法理、机理。它不是给出具体的制度、规则，而是制度制定时依据怎样的逻辑、何

[①] 童世骏：《没有"主体间性"就没有"规则"——论哈贝马斯的规则观》，《复旦学报》（社会科学版）2002年第5期。

[②] Jürgen Habermas, *The Theory of Communicative Action*, Volume 2, p. 174.

[③] Jurgen Habermas, Faktizittund Geltung, *Beitrigezur Diskurstheoriedes Rechts und des demokratischen Rechtsstaats*, Suhrkamp Verlag, 1997, p. 255.

种思路的问题。因此，本书所称谓的原则，有人也称之为"一般性规则""原理""机理"等。

（二）此原则不同于彼原则

原理意义上的一般原则，不同于通常意义上我们所谈的制度原则，此制度原则非彼制度原则。通常谈到原则时人们都会在脑海里反映出一系列的条目，诸如"制度建设要遵循合法原则、合理原则、可行性原则、可操作性原则、一致性原则、程序性原则、公正公平民主性原则、高效性原则"，如若列举下去，还可有无数。这些我们再熟识不过的制度原则条款，虽然在名目措辞上有所不同，但是基本含义几乎一致：既要合理又要合法，既要民主又要效率。但是本书不想就此种方式的原则展开更多论述，因为无论怎么变换词汇、巧立名目，都是万变不离其宗，上文所述几乎涵盖了我们对制度所有的美好期望。从这一意义上说，以往所谓的"制度原则"与其说是原则，倒不如说是我们对于教育制度规则的效果期望、结果构想。真正原理意义上的"原则"应该是，我们在实现上述期望结果或者目标的时候，制定基本制度规则时所遵循的具有"实际效力"的"理论标准"，而不是一些空头支票、大话官话。因此说，本书所论述的制度主要是从原理的层面对其加以审视，揭示什么样的机理或者说原理将成为制度的制定依据，从而实现制度为教育培养真正人的目标。

（三）原则之有限理性

原理意义上的一般原则，不是万能的，不能够解决所有问题。制度原则的理论基础是"有限理性"，完备理性、绝对理性是不存在的。

新制度主义引用一个最初来自哈伯特·西蒙的概念——"有限理性"，使得新制度主义比旧制度主义更"谦逊"、更"自知"。新制度主义作为一门新兴的理论流派，产生于20世纪60年代的经济学领域，80年代后因成为主流经济学思想而流行于各个学科。新制度主义深刻地告诉我们，"制度已经成为推动社会发展的核心要素"，"已经到了依靠制度来推动社会发展的时代"。正如新制度经济学的理论功绩是"将制度性因素作为一个重要的经济变量引入经济学研究当中"一样，制度也将成为推动教育发展的变量。而且，新制度主义反思了旧制度主义的强批判立场，抛弃了"旧制度主义通过分析制度背后所代表的利益关系，并基于'理想的公正'理念，削弱优势群体以补充落后的弱势群体，实行一种制度的强制调节"的"理性狂妄"。新制度主义以有限理性为出发点，认为依靠人的理性所做出的看起来"公正"的强制调节并不能在实际中具有原本想象的效果。所以，新制度主义发生了重心转向。这一重心的转变，意味着它不再寻求具体的制度方案，而是寻求具体制度背后的制度原理、制度机制、制度原则，这是新制度主义相对于旧制度主义而言最大的贡献。

正如哈耶克援引西德尼的话所说的那样，"我们探索的不是至善，那是人类永远也无法达到的；我们寻找人类宪章，那个带给我们最小或最可原谅的害处的制度"，不要对制度期望太多、太高。波普尔的《开放社会及其敌人》以及哈耶克的《通向奴役之路》中对制度理性的阐述，虽然出发的角度不同，但得到的结论几乎一致。他们认为，坏事不一定是坏人干的，而往往是一些"高尚的"理想主义者干的，特别是那些"可尊敬"和"心地善良"的人们。"自由"常常在"自由"的名义下被取消，"理性"则往往是在把"理性"推到至高无上的地方摧毁。也正如哈贝马斯所批评的"交往理性概念中留存着先验表象的阴影"那样，"由于交往行为的理想前提不能被设定为具体理解行为的未来理想状态，所以，必须对这个概念抱着充分的怀疑态度。如果一种理论使我们误以为我们可以得到理性理想，那它就会倒退到连康德的论证水平都不如的地步"①。

所以，不要对制度原则指引下制度实现的结果期望太多，不要期望通过原则的挖掘之后，制度能够给人们提供所想的各种保障，完全实现最美好的愿望。即使是这样，制度仍然是我们不得不做出的选择。"我们别无选择，只有遵循那些……规则，而且不论我们是否能够确知在特定场合遵循这些规则所能达致的具体成就，我们亦只有遵循这些规则。"② 因为，如若我们选择依靠其他方式来实现期望的可能性更小，制度就是一种最大可能地实现了。所以，我们更有必要在"有限理性"的基础上对原则进行挖掘。

---

① ［德］哈贝马斯：《后形而上学思想》，曹卫东等译，译林出版社 2001 年版，第 167 页。
② 湘山居士：《悲从中来，出路何在？——读哈耶克有感》，http://www.dijin-democracy.net/content/tuijian.asp，2002 年 10 月 8 日。

二　确定原则的基本依据

（一）"人的生成"的制度要求

制度原则的确定要服务于教育制序发展理路的目标。教育制序发展理路是要通过制序公共理性来生成人。所以，制度的一般性原则一定要服务于通过制序公共理性来生成人的制度目标。

在前文已经对生成的"人"的具体含义有所分析，在这里再强调说明一下。教育是一个人的社会化过程，教育培养的人必定具有"社会性"和"个体性"两方面的特征。人之为人的共性和个性两方面的特征，也可以用普遍人格和个性人格（这里的人格不是人格心理学意义上的术语，是教育意义上的通俗用语）来概括。具体说来，"普遍人格"指的是人所需要的共性知识、共性思想规范、共性人格等；个性人格指的是个性知识、个人精神信仰、个人的兴趣、爱好等方面。以往教育是通过"个体交往理性"来调和"外铄论"传统教育模式对人的压抑和"内发论"现代教育模式与人的放纵之间的矛盾，即通过教师和学生、学生与学生之间的个体交往，来实现双方的相互尊重，让学生感到一种平等和自由，从而在民主自由平等的氛围中，在主体间性关系当中使学生发展为"主动地接受社会规训、主动张扬个性"的"完全人格"。但是，前文论证已经指出，"个人理性"不可能实现让学生真正感到被尊重、自由和平等，真正的民主平等的主体间性的形成，需要通过公共交往，在公共领域中通过制序公共理性来实现。只有制序公共理性，才能真正地达成"人的生成"的基本矛盾的和谐处理。

由此可见，从人的生成的角度讲，主体间性的养成要求人们相互承认。而这种承认不能依靠长辈的或者社会他人的权威来实现，而是要通过制度机制来确保人们之间相互承认。具体原因如下。

1. 主体间性在社会关系中形成

主体间性的自由、平等、被尊重的实现，需要在社会关系中进行。"平等并不是人的自然属性。根据自然属性，人与人之间、集团与集团之间都存在着各种各样的差异，它只有在与自然相对立的人为的制度中才可能实现。换句话说，只有在集团内的成员共同拥有应当受到平等对待这种规范的基础上,平等才成为可能。"① 同理,自由也一样,并不是人的自然属性,需要在社会关系中确认。

把握社会个体化的完整意义的尝试肇始于米德的社会心理学。米德在这个问题方面有较大的贡献。"他继承了在洪堡和克尔凯郭尔那里确立的主题,即个体化不是一个独立的行为主体在孤独和自由中完成的自我实现,而是一个以语言为中介的社会化过程和自觉的生活历史建构过程。通过用语言达成相互理解,通过与自身在生活历史中达成主体间性意义上的理解,社会化的个体也就确立了自己的认同。个性结构表现为主体之间的相互承认和主体间性意义上的自我理解。"② 黑格尔运用了"个体的总体性"概念来解释个体从总体中获得多样性的特质。他认为,"当古希腊神话中的诸神被塑造成为雕塑艺术作品的时候,个性的概念便获得了其最完美的直观表现形式"③。哈贝马斯深刻阐述了个体性与社会性的关系。哈贝马斯认为,"不管我们是需要较多还是较少的社会角色来描述一个已经社会化的主体,每一种复杂的角色都必须根据普遍性的断言方式来加以表现"④。他进一步指出,"在某种程度上,个体本身必须首先把自己确定为一个独立的行为主体。就此而言,个性首先不是被理解为单一性,也不是被理解为一种本质特征,而是被理解为个人的成就,个体化则被理解为个体的自我实现过程"⑤。

因此,只有在社会关系中才能合理处理"普遍自我"与"个体自我"之间的关系。诚如大卫·列文所说,"在人们已经发展起一个有限制的与人—我关系中的自我能够得到合理的安全的意义相一致的自我同一性的范围里,这个普遍自我就是所有个体所共同拥有的东西"⑥。这就是说,在每一个体的意识中,我想用我自己的意识不带任何幻想地来确定"自由"的主体性,而这种主体性反过来又把自己表现为普遍的东西,即普遍的自我

---

① [日]川崎修:《阿伦特:公共性的复权》,斯日译,河北教育出版社2002年版,第302页。
② [德]哈贝马斯:《后形而上学思想》,曹卫东等译,译林出版社2001年版,第173—174页。
③ 同上书,第172页。
④ 同上书,第171页。
⑤ 同上书,第173页。
⑥ David P., Levine, *Self-Seeking and Pursuit of Justice*, Ashgate Publishing Company, 1997, pp. 21–22.

性。由于对普遍的自我性而言,"我(个体 A)就是这个 A 显得很偶然;由于自由的冲动本质上应当是普遍的自我性的冲动,因此,这种冲动追求的不是个体 A 的自由,而是普遍理性的理由"①,而这个"普遍自我"在哈贝马斯那里被认为是一种社会规则。因此,自我的普遍方面和特殊方面是一个统一体,我们无法在一个私人领域中发现自我的普遍方面,只有在"公共领域"中人们才能获得某种"公共人格"。总之,自我作为普遍性和特殊性的统一,是在公共交往中形成的。只有处于一种"人—我"关系中,只有我们能有效地建立这种关系,才能意味着自我在社会中有一个普遍的人格。

2. 主体间性在社会关系中依靠制度来形成

"米德把角色结构的分化与分化语境中社会化个体的良知的形成和自律的获得联系起来。如果说黑格尔认为个体化依赖于精神的不断主体化,那么米德则认为,个体化依赖于看起来似乎是由外到里的控制行为的力量的内在化。"② 也就是说,米德认为"通过社会化而个体化"的过程,包括两个方面,一是主体的自主活动能力的提高(也就是个体化程度的提高);二是主体对于体现在(涂尔干尤其重视的)社会分工的各个角色中的规则的学习(也就是社会化程度的提高)。

涂尔干很早就注意到制度与个体进步之间的联系:"今天,没有谁会怀疑规则的强制性特征,它迫使我们做人,而且永远做人。"③ 涂尔干认为,个体和他所处社会背景中的普遍性是区别开来的。"随着时间的流逝,这种与相对同质的群体规范之间的区别便导致了群体规范的多元分化。但是,新的规范并未因多元化而失去其先验的普遍特征;个体遵守它们,一如过去尚未完全分化的生活方式的行为方式。"④ 帕森斯所使用的"制度化个人主义"这个概念来说明,"一方面,人在个体化过程中应当获得更多的自由和自律;另一方面,自由度的提高又得到了决定论的描述:即便是

---

① [德] 费希特:《道德学说体系》,转引自 [德] 哈贝马斯《后形而上学思想》,曹卫东等译,译林出版社 2001 年版,第 182 页。
② [德] 哈贝马斯:《后形而上学思想》,曹卫东等译,译林出版社 2001 年版,第 172 页。
③ [法] 涂尔干:《社会分工论》,转引自 [德] 哈贝马斯《后形而上学思想》,曹卫东等译,译林出版社 2001 年版,第 170 页。
④ [德] 哈贝马斯:《后形而上学思想》,曹卫东等译,译林出版社 2001 年版,第 171 页。

从苛刻的强制中解脱出来的制度化的行为期待，也被描述为一种新的规范期待，即一种制度①"。盖伦更加清晰深刻地指出，"个体从普遍力量中解放出来的过程本身就是个体受到普遍控制的前提"。②

所以，主体间性需要人们的相互承认。而这种承认不能依靠人格权威上的承认，只能通过制度机制，依靠非人格化的规则来使人们相互承认。因为，"'规则意识'，首先就是这样一种理解为社会角色和社会规范的行为期待。在这个阶段上，主体不再仅仅把某个权威（家长、老师）的特定命令和与之伴随的奖赏惩罚当作其行动的指导，而学会了一些一般规则"③。而通过规则、制度来实现的主体间性，需要在制度上表现为"使个体相互之间无须强制就能彼此交往，并达成共识，一如同一性无须强制就可以使个体与自我达成沟通。完整的主体间性是相互自由承认的对称关系的表现"④。因为，"个性要求得到保障，这种保障是我根据人们极端重视的个体生活计划，有意识地为我的生活历史的连续性所接受过来的。在普遍的生活方式中，每个人都能够接受其他人的观点，并且可以相互承认"⑤。

总之，主体间性人格的产生是通过制度对互相自由的承认。如果说"没有主体间性就没有规则"⑥，主体间性的交往理性，沿着这一理论向前迈进一步，我们就会得出"没有规则就不会有主体间性"的深刻道理。

（二）"制度构成"的内在逻辑

制度的合理性基础源于对"一与多"关系的哲学考察。"一与多"的关系历来是哲学考察的中心议题，它是现实世界众多现实问题的根源，现实世界需要解释的众多现实问题最终都是与"一"和"多"的关系相联系

---

① [德] 哈贝马斯：《后形而上学思想》，曹卫东等译，译林出版社2001年版，第170页。
② 同上书，第172页。
③ 童世骏：《没有"主体间性"就没有"规则"——论哈贝马斯的规则观》，《复旦学报》（社会科学版）2002年第5期。
④ [德] 哈贝马斯：《后形而上学思想》，曹卫东等译，译林出版社2001年版，第168页。
⑤ 同上。
⑥ 康德说："无规则即是无理性。"哈贝马斯则强调，没有主体间性就没有规则。讨论哈贝马斯的规则观，不仅有助于我们理解规则这个社会现象本身，而且有助于我们理解"主体间性"概念的意义。进而，如果我们把康德的观点与哈贝马斯的观点结合起来，我们还可以对"理性"和"主体间性"这两个概念之间的关系有更好的理解：没有主体间性就没有规则。

的。制度作为调整"多数现实个人行为"的"一个整体规则",如何能够用"一个规则"来统领"多数人的行为",这个"一个整体规则"应该是什么机制才能达到既使众多人"守一"而又不缺失"多样性与个性"呢?也就是"对于作为个体人格的自我来说,普遍自我和特殊自我之间,亦即作为与整体相对应的'一'的先验自我和作为'多'当中的'一'的经验自我之间"①,更是需要从"一"和"多"关系的哲学出发来考察其合理性。

自柏拉图以来,就明确表示追求普遍统一的学说,理论针对的是作为万物的源泉和始基的"一",并把这种"一"叫作善的理念或第一推动者。在普罗提诺(新柏拉图主义学派的奠基人和主要代表人物)之后,"一"则被称为最高存在、绝对者或绝对精神。"一"和"多"是普罗提诺《九章集》的中心论题。他认为,不是一切都化约为"一",而是"'多,可以追溯到'一',并且因此可以被理解为一个整体和总体。通过这种强烈的他象……具体的事件和现象所引发的彼此和谐或相互冲突,都在一个固定不变的整体性中统一了起来。这种保持一定距离的视角能够把一切存在者和个别实体、把世界和其中发生的事件区别开来"②。那么,"一"如何能够在不危及自身同一性的情况下成为"一切"呢?如何把同一性和差异性结合起来考察呢?除了柏拉图、普罗提诺之外,谢林也对二者关系有精辟的见解。他标榜"绝对同一",但并非不关注"差异",因为他认为"绝对同一"的材料是存在差异的。也就是说,材料在"差异"中被哲学地建构为"同一"。所以,谢林最终无法绕过差异性的角度去描述和界定"同一"。即"同一"是统一了"差异"的同一,被统一的"差异"暂居于"同一"这个共同体之中。黑格尔也集中关注过这个问题。黑格尔在谢林的基础上,袭用了以"绝对同一"作为自然、社会和历史本体的哲学模式,但有所不同的是,他突出强调了被"绝对"所削弱了的"差异",他强调"绝对同一"应当被理解为由差异到被克服了差异而归于同一,同一是差异运动的过程和结果。因此,"一就是一切,但绝对不足

---

① [德]哈贝马斯:《后形而上学思想》,曹卫东等译,译林出版社2001年版,第149页。
② 同上书,第140页。

（一切中的）一"①。"'一'就是一切，因为它存在于作为它的起源的每一个存在者当中；但与此同时，'一'又不是一切中的'一'，因为只有把它与每一个不同的存在者区别开来，才能维持其同一性。为了成为一切，'一'存在于万物当中；但与此同时，为了保持自身，'一'又超越于万物之外。"② 所以，如果"同一"是万物的源泉和基础，因而具有优先地位，那么，为什么会有各种不同存在者？同样，每个人都根据自己的行为准则行动，好像自己始终是普遍目的王国中的一位立法者，那么，人们之间的行为又如何协调？因此，"一"和"多"的理解性问题，一直构成思考的核心。

围绕着"一"和"多"关系的思考，在康德之前的先哲们追求普遍的同一性，对同一性有着绝对信心。但是，在过去的十年中，这个主题获得了新的现实意义。如今，各种批判都打着被压制的多元性的名义，反对占有压倒性优势的同一性。"他们呼吁历史和生活方式的多元化，反对世界历史和生活世界的一元化；呼吁语言游戏和话语的灵活性，反对语言和对话的同一性；呼吁文本的丰富性，反对意义的单一性。人们以被压制的多元性的名义对同一性提出了抗议，当然，这种抗议有两种对立的表现形式。在利奥塔和罗蒂的激进语境主义中，形而上学批判原有的意图被保留了下来：拯救那些出于唯心主义而被牺牲掉的环节，如非同一性和非整合性、杂乱性和异质性、矛盾性和冲突性、瞬间性和偶然性，等等。另一方面，在其他的语境中，对偶然性的辩护和对原则性的抛弃则完全丧失了其颠覆特征。在这些语境中，它们所具有的只是保卫传统力量这样一种功能意义——面对过分的批判要求，传统的力量已经没有什么现实性，能够使它们从侧面为失去控制的社会现代化提供文化上的支持。"③ 由此看来，"形而上学认为同一性凌驾于多元性。语境主义则认为多元性优先于同一性，二者可以说是隐性伴侣"④。在这个问题上，哈贝马斯认为，虽然"同一性"的神话在现代社会中已经被打破，但是，激进语境主义者对理性的

---

① ［德］巴伊尔瓦尔特斯：《一元思想》，转引自［德］哈贝马斯《后形而上学思想》，曹卫东等译，译林出版社2001年版，第140页。
② ［德］哈贝马斯：《后形而上学思想》，曹卫东等译，译林出版社2001年版，第143页。
③ 同上书，第137—138页。
④ 同上书，第139页。

完全抛弃也让人失望。但"可以转换到主体间性理论基础上去，那么，这种失望情绪就是可以避免的。社会尽管失去了中心，但也不能没有主体之间形成的共同意志的同一性这个基本点"①。哈贝马斯进一步指出，"我通过思考所得出的结论是：只有在多元性的声音中，理性的同一性才是可以理解的"②。

由以上内容可以看出，主体间性要求"自我发展得到他人承认"的形成条件，而制度要求和谐处理"一与多"的关系，并根据"只有为他、为共同体才能为己"的这一"制度得到主动遵守"的"秘密"，成为人们主动选择制度的机理。所以，如何使每个人的发展都能够得到他人的承认，形成平等体验，并因此也使"个体自我"得到最大限度的发展与实现，是制度原则确立的核心依据。

所以，正如米德揭示了自我的主体间性核心那样，"不预先改变交往结构，后传统的自我认同就不能形成"③，而通过制度改变交往结构，最根本的是改变交往规则。对交往规则的改变，康德采取了"把数列结构用作制作同一性"的模式；而洪堡采用的是"把多元声音中的同一性纳入普遍规则，而且其方式还不同于对多元现象的归纳"④，即用"对话中的非强制性共识"代替了康德的"建构主义综合概念"。本书又是采取什么样的方式和原则来"把多元中的统一性纳入普遍规则"的，又是如何规约并实现着人的生成呢？这就是本书制度原则进一步挖掘的出发点。

三 原则确定的基本标准

制度是镶嵌在社会之中的人与人相互作用的规则和结果。因此，要研究"制度"原则，就必须追根溯源，分析人与人之间的关系及相互作用。通过制序公共理性来培养人，从个体发展角度来讲，要遵循"尽可能充分"的标准；从整体发展角度来讲，要遵循"尽可能互惠"的标准。

（一）尽可能充分

这一标准是从个体发展角度来讲的。人们经常说，人的发展包括知性

---

① ［德］哈贝马斯：《后形而上学思想》，曹卫东等译，译林出版社2001年版，第164页。
② 同上书，第139页。
③ 同上书，第220页。
④ 同上书，第183—184页。

和人性两方面。"教育便非要同时在两个方面开启人性：（1）格物以知天命；（2）正心以安身性。前者是康德所论的'Verstand'（可译作'认知'或'认知理性',cognitive rationality,又可译作'理解'或'工具理性'），后者是康德所论的'Vernunft'（可译作'价值理性',value rationality,又对应于'知性',或可依王国维译作'理由'或'智性'）。此即教育的'共相'。"[①] 从个体人的角度来说,"知性和人性"[②] 的发展是交融贯穿在一起而无法完全分离的,因此,要实现个体人充分而全面的发展,必须从知性和人性两个角度通过制度安排获得尽可能充分的实现。本书就是要通过制度安排的结构、组合方式以及制度机理、原则来实现"认知规训和主体人格"兼而有之的充分发展的人之目的,就像罗尔斯提出的"秩序井然的社会"的模型一样,它是"众多社会统一体组成的一个社会统一体"[③],是由无数个个体组成,每个个体又都"将是这样一个联合体,在那里,每个人的自由发展是一切人的自由发展的条件"[④]。因此,"尽可能充分"是制序原则的重要标准。

（二）尽可能互惠

这一标准是从整体发展角度来讲的。学校教育中的每个人都本着实现自我发展的目的而来,因此制度安排还必须有整体来说的互惠标准。因为,让每个人不强调自身的发展那是不可能的。为己,是人在任何时候都改变不了的本性,单纯地强调为他人而牺牲自己的发展,那是天方夜谭。所以,要实现整体中的每个人尽可能充分发展,只有在承认这些利益之争的前提下,用规则机制来平衡相互之间的利益冲突,让这些利益之争成为机制中的动力源。制度原则只有处理好"个人发展和整体发展的关系",只有通过"个人和他人"关系的合理安排,才能使这种制度成为人们主动的选择。制度只有在互惠的基础上,令每个人都意识到"只有为了他人利

---

① 汪丁丁：《探索面向二十一世纪的教育哲学与教育经济学（上）》,http://www.studa.net/2003/4-26/2003426104257-3.html,2003年4月26日。

② "知性和人性"的区分,乍一看起来,有"人的发展不包括知识"之嫌。人本是一个完整存在,这两方面也不可分割。但是,为了在理论上论述问题的需要,能够在思维上有所把握,特做出这样相对的区分。

③ Rawls, John l Political Liberalism, Columbia University Press, 1993, p.320.

④ 中共中央马克思恩格斯列宁斯大林著作编译局：《马克思恩格斯选集》（第1卷）,人民出版社1995年版,第94页。

益才能够实现自己的发展",而"每个人"都是别人的"他人",继而在每个人的最终利益都能够实现的基础上,才能够被自觉主动地选择。因此,如果说制度作为由人制定的为一个共同体所共有,并控制着人际交往的规则,它的有效性"要么自我实施,要么由外部权威来实施",互惠原则可以使制度成为人们的主动选择,自觉形成制序。对于制度我们所能够做的,就是确立一种合理的能够依靠其自身来形成秩序的制度原则,我们无法通过"个人理性"对制度本身给出一个"个人与他人"利益关系的合理边界,只有通过寻求具体制度背后的制度原理、制度机制、制度原则来组织安排,从而实现人的认知和主体人格的充分发展。在这个意义上,只有制度原则的制定符合制度自身的思维方式以及人的发展的要求,只有将二者的要求集中于一身,才能使制度原则真正有效,成为人们行为的主动与自觉选择。

四 原则的澄清与确定

纵观世界制度发展史,任何一种制度都是在"等级"和"多元"的二元关系中演绎着各个时代教育制度发展的类型及特点。

"等级"是用来"规训人在垂直方向上的层次","等级"给人一种向上争取的力量,它解决的是社会发展的"动力"问题。因为人之为人,有不甘落后、争取平等的本性和渴望,等级所带来的层次之分,能催人不断上进。因此,"等级"给予人的是社会性"规训和约束"。

"多元"是用来"引导人在水平方向上的多样选择",同样,正是因为人有要求平等的本性,如果只有单一的"等级"制度安排,渐渐人们就会发现无论怎么努力,只能是在不同层次的身份和地位中变换,自己永远处于等级当中,永远会感到有更高的等级,永远和他人无法平等。这种由等级上下的变化所带来的"角色的丰富"永远满足和实现不了人的本性中对"平等、自由"的要求。因此,制度安排要在水平方向上给人提供多条自我实现的"路径",从而"条条大路通罗马"。因此,"多元"给予了人在现实中实现平等的制度宽容,解决的是人的"主体性"问题。

制度原则就是在"等级"和"多元"两者之间寻求平衡的一种表现方

式。这种平衡方式从大的原则类型来看，可分为"等级型""多元型""等级中的多元""多元中的等级"四种类型。教育制度也是如此，无外乎是在这四种方式中展开。

"等级型"是中国传统的社会制度、教育制度一直沿袭下来的原则类型，是一种严格以等级来划分人的社会地位、实施人的培养计划，其最终形成的人的品性也表现为等级型；"多元型"是西方传统的社会制度、教育制度一直沿袭下来的原则类型，主张完全多元、自由、不干涉，在教育中人的培养方式及最终培养出来的人也是多元的；"等级中的多元"是一种"等级"和"多元"的结合方式，以等级为开端和结果，中间以多元方式展开的制度原则；"多元中的等级"是另外一种"等级"和"多元"的结合方式，以多元为开端和结果，中间以等级方式展开的制度原则。最后两种"等级"和"多元"的结合方式——"等级中的多元""多元中的等级"都是目前尚未成熟的制度原则类型。

（一）"多元中的等级"原则的确定

在上述四种制度原则类型中，笔者认为，"制序公共理性"必须在"多元中的等级"的制度原则下形成。"多元中的等级"的制度原则，具备了"公共理性"的制度性要求。

第一，"多元"在前位，表明是一个开放的起点和结果。"个人人格得到最为多样化的发展""具有多种实现机会"是人之为人的最根本特性和最重要的自由，必须放在首位。同时，也只有"多元"放在"等级"的前位，才会有真正的"多元"。否则，以等级为上位的多元，只能是一种在等级内部上级和下级之间的身份"丰富"，不是真正的多元，而是一种在等级内部的"伪多元"。因为"真实个体的个体化动力在于自身，作为一定历史环境的产物，他自己对自己承担起了责任，"由于是自己选择的结果，因此人们能够说他自己创造了自己"[①]。

第二，"等级"在"多元"的后位，才可以解决制度中的动力问题，即发挥"等级"的力量。当"等级"并不妨碍"主体人格"形成的时候，可以自由发挥与行使，从而使得整个社会或者说教育发展能够具有互相竞

---

① ［德］哈贝马斯：《后形而上学思想》，曹卫东等译，译林出版社2001年版，第186页。

争、积极向上的动力和源泉。因为当制度给予了"人的本性中就有一种要求积极上进的渴望"一种许可之后，就会强化这种许可，并形成积极的良性循环。因此，哈贝马斯认为，"我的自我和独立是受到他者的自由制约的"。作为自由的存在，知性之间既相互反对，又彼此尊敬，因此，它们之间的这种主体间性关系需要加以约束和自我约束，以便使这个和那个自我都成为个体；因为通过这种交互关系，形成了一个"自由的领域，供众多存在相互分享"。"作为个体，我必须面对他者，同样，这个个体又必须面对我。"① 所以，等级的约束和动力也是需要的。

这样，"多元中的等级"的制度原则实现了制度本身既"民主"又"规训"，"社会性约束"与"个性张扬"的双重要求，制度公共理性由此可以成为"教育制序培养人"的主要着力点。"多元中的等级"的制度原则，纳"人的多元与等级的本性"要求于同一制度体系内，是一个能够实现"真正人"的合理原则。

(二) 在"多元中的等级"原则下透视我国教育制度

至此，当我们回过头来审视当今中国教育制度的时候，不免要提出这样的疑问：中国同样存在"教育制度"，但是中国的教育制度自身出了什么问题，它是基于什么样的制度原则而没有形成中国的"制序公共理性"？笔者的观点是，中国教育制度建立的基础是"等级中的多元"原则，违背了"制序公共理性"所要求的"多元中的等级"原则，造成了"情境理性主义"，就无法形成依靠其来培养人的发展理路。

中国教育制度"等级中的多元"原则是在中国教育典型"等级"制度的框架内经改革发展而成的，它以等级为开端和结果，中间以多元方式展开。"等级中的多元"的特点如下。

首先，"等级"在前位，"多元"就成了"假多元、伪多元"。尽管在整体的等级框架内，可以展开一定程度的多元，学生可以具有一定的选择，具有一定的主动性。但是，起决定作用的还是等级标准，以等级为最终框架，不管怎么努力，学生只不过是在不同等级之间变动，今天是在低等级位置，明天是在高一点的等级位置，仅此而已，丝毫不影响整体的等级本质。这种

---

① [德] 哈贝马斯：《后形而上学思想》，曹卫东等译，译林出版社2001年版，第181页。

等级之间的变动，无法形成平等。久而久之，就形成了中国孩子的一种体验，无论怎样，都会有比我更好的等级，永远也实现不了平等，所以，中国孩子的主体人格、张扬人格不可能形成，形成的只是"内敛型"人格。因此说，"等级"在前位的"多元"，不能给"主体人格"以发展空间。以等级为开端，人们看到，无论怎样都是等级中的一分子，都无法平等的时候，就会失去"上进的力量"，只能通过内心的一种自我安慰来达到平衡，即中国较典型的"内卷"[①]型人格——"天外有天，人外有人"，"幸福来源于一个好的平和的心态"等消极人格就是这样形成的。

其次，当人们看到"主体人格"没有形成之后，就把本应该通过制度中的"多元"原则来实现的"主体人格"任务，"人为"地落在了依靠"个体主观意志"上，即要求教师教学手段要柔和，要提供和创设一定的情境，让学生感受到"主体"地位，不能告诉学生他们的做法是错误的；不能批评，要多表扬；学生总是对的，要相信学生；等等。这样，学生对"所规定学习内容"的掌握程度和水平也下降，造成本应通过"水平等级"实现"对学生该有的规训力量"也削弱了，"水平等级"也没有发挥真正的"规训"的力度。

因此，该"多元"时没有实现"多元"，该分"等级"时不敢分"等级"，制度就不能够完成矛盾关系的合理处理，制度无法提供一种合理的情境理性，进而就无法成为处理矛盾关系的主要着力点。所以，就转而将矛头指向依靠"个体主观的意志和理性"，就会造成一种"制度虚无"，从而导致了教师个体的压力过大，造成了教育实践界的无所适从，出现了"情境理性主义"。

（三）"多元中的等级"原则下中西教育发展趋势

"等级型"教育制度是中国一直沿袭下来的传统制度原则类型；"多元型"是西方传统教育制度一直沿袭下来的原则类型。从现今中国和西方的教育改革的趋向来看，中国改革从表面上看，开始学习西方的多元和民主，而西方国家也有加强等级和规训的发展趋势。我们怎样看待这两种相反的改革趋向？它们表明了什么？

---

① 韦森：《文化与制序》，人民出版社2003年版，第69页。

笔者认为，这两种改革趋向，不是西方向东方回归，归向"等级"；也不是东方向西方回归，归向"多元"；而是二者有一个共同指归——走向"多元中的等级"。

"多元中的等级"原则，不仅是中国教育制度的最终指归，同时也是西方教育活动的制度设计方向。我们可以看到，西方社会一直是以"制度"作为培养人的主体方式的，但不同的是，西方始终是以"多元"为制度原则类型。随着社会发展和教育改革实践的进行，我们可以看到，西方也在寻求"规训""约束""基础知识"，也看到了制度中"等级"的作用；中国的某些教育学者有时甚至洋洋得意地以此为例来证明中国"等级式"教育制度的好处，甚至认为中国的方式将是未来世界教育的基本模式。这种西方学习中国的现象固然是现实的，却没有看到西方学习中国始终是以其"多元"的原则为基础的，西方学习中国的"等级"，绝不会变成中国式的以等级为开端和结果的"等级制度"。但是，西方也确实在积极寻求解决"多元"与"等级"关系和谐共融的最佳路径。本书的观点就是，"多元中的等级"将来也必然是西方教育发展的制度原则。

中西教育发展既然殊途同归，又如何体现各自的本土特色呢？可以肯定地说，虽然原则一致，但一定是"和而不同"。虽然都是多元，都是等级，但是多元和等级的具体方式却各具民族特色。东方人的规训方式一般比较强硬，体罚和训斥比较常见。比如，在韩国教育中，经常可以看到老师拿着教鞭训斥学生，但是学生往往从中得到的心理体验是教师的爱而非虐待，这种采用责打、训斥的手段来表现爱的方式，可能只有在东方的诸如中国、韩国、新加坡等国家里才会发生，而在西方国家，却很少发生以"打骂来体现爱"的情况。西方国家维系人与人之间关系的是一种比较谦和的平面文化，具有西方独特的温和地处理"规训"和"约束"的个体方式。

因此，中西方教育特色可以在同一原则下有不同体现，不需要从原理上拒绝西方的东西，好像西方用了"多元"，我们就不能再使用"多元"一样，如果用了，好像就是"西化"了。"多元"还是"等级"，并不代表是"西化"还是"东化"的问题，只作为在处理问题时的手段而已。所以，再次强调，"多元中的等级"原则是东西方教育制序发展的共同趋势。

第六章 教育制序发展理路的建构（下）：策略篇

前一章从教育制序建构的基本原则上进行挖掘，本章是在"多元中的等级"原则指引下，分两部分来深入教育内部展现其具体策略：首先将实施对象确定在知识制度领域，其次将实施方案确定为"结构$_{水平}$"模式。

一 核心对象的确认

一般来说，制度对象不需要质疑，也无须进入研究视阈。比如，政治制度对象是人与人之间的政治性关系；经济制度对象是人与人之间的经济关系，等等，仿佛是顺理成章的事情。顺此推理，教育制度对象应该是人和人之间的教育关系。但是，教育关系的特殊性在于，并不是"在教育领域中"发生的关系就是"教育关系"。教育领域中涉及经济关系、政治关系等诸多关系范畴。现实教育过程当中经常被关注、被研究的某些制度，诸如经常关注财政、投资制度，对其研究集中在教育腐败、乱收费等现象上；经常关注"专业设置制度，招生计划制度，科学研究制度，毕业分配制度，人才引进制度，基本建设制度，后勤服务制度"，对其研究关注在教育管理层面。显然，这些制度对于教育培养人是一个外围的、不直接相关的因素，都是从教育领域中出现的、影响教育效果的"非教育问题"角度来谈制度的。虽然教育乱收费、教育投入、教育资源分配、教育体制等因素也对教学活动以及人的培养有间接影响，但毕竟与学校的主体活动——"教与学"不直接相关，只能是教与学的外围因素，不能深入教育核心解决问题，承担不了教育培养"真正人"的任务。因此，本书中制序理路的建构，必须首先确认"以何种制度"为核心制序对象。

制度对象之于制序生成的重要性可以从这一比喻中窥见一斑：如果说制度原则的误确认就像是给心脏病人治病时下错了药而把病越治越严重；那么，制度对象的误确认就像是给病人诊病时，本来是心脏的毛病却误诊成了肝脏的毛病，也是治来治去都不见效，因为根本没治对地方。制度对象的确认是重要的环节，制度对象的"误确定"将导致通过"制序公共理性生成人"成为一句空话。

（一）对象定义的界定

制度对象是制度的指向与范围，即制度所涉及的范围与领域。我们说，制度一定是关于某一范围、某一领域、某一方面的制度，这范围、领域、方面就构成了制度的对象。不同对象的属性及其相互关系就构成了制度要反映、作用和影响的客观存在。

制度对象之于制度来说具有重要意义，是制度系统的重要组成部分。人们只有在对象化活动中根据自身需要通过有目的地对客体对象进行能动作用和改造，使客体对象按照制度目的发生符合制度理念需要的变化，从而实现对制度对象的真实理解和把握，进而实现制度目标。所以说，制度因对象的存在而具有了实际指向，对象因制度的存在而具有了调解规范意义。二者互不可离。离开了制度对象，一系列的制度规则所包含的制度目标就无法"制度化"于对象，因而也就无法实现制度目标与客观对象世界之间的统合，制度功能也就无法发挥。因此，制度对象对于制度系统具有重要地位。

从制度对象的现实指向性来看，制度作为调节人和人之间、人和社会之间关系的中介性存在，制度对象一定是关于人与人之间的某种关系。但是，就制度本身而言，人作为对象关系中的主体都是同其活动所指向的客体相对应、相关联而作为主体存在的。因此，制度对象总是人在其中的一切对象性关系。比如劳动保险制度是关于人与社会之间的劳动保障关系，人民代表大会制度是我国民主集中制的具体表现形式，等等。同时，又因为制度对象所包含的人与人之间，以及其所指向的对象性活动相互之间关系异常丰富和复杂（比如生产活动和生活活动，而且还包含社会结构和政治结构），而使其确定起来不是容易的事情。所以，基于制度对象作为一个独立的要素必须有明确的对象所属和对象范围的原因，如果制度对象不明确，或者说因制度对象定位偏差等而出现误确定，都将致使制度目标无法实现，制度规则名存实亡。因此，教育制度对象的确定是制度存在的重要前提。

（二）对象属性的要求

教育中何种关系型存在可以成为制序对象呢？一般认为，教育制序的核心对象在属性上必须满足教育生成人的"目标性要求"和"他者性要求"。

1. 目标性要求

制度对象要受制于本书所提出的"教育要生成真正人"的目标性要求。前文已经对生成的"人"的具体含义有所分析，认为，教育是一个人的社会化过程，教育培养的人必定具有社会性和个体性两个方面的特征，以及人之为人的共性和个性两个方面的特征。具体说来，核心制度对象要能够承担起"'共性人格所需要的对人的共性知识、共性思想'以及'个性人格所需要的对人的个性知识、个人精神信仰、个人的兴趣、爱好'"矛盾关系的和谐处理。进一步来说，核心制度对象的所指领域，必须是能够最直接作用于人的生成，并对人的生成具有最关键性影响的领域。这是制度对象确定的要求之一。

2. 他者性要求

制度对象服务于教育制序发展理路，也就是通过制序公共理性来生成人的目标。因此，此种制度不能以人为直接对象，不能是对"人"进行直接规定的某种制度。这是制度对象确定的"他者性要求"。制度对象的内容不能直接表现为对教育过程中"教师的规训还是民主等方式"的规定，要通过处于"教师和学生"中介的某个第三方的规定，再通过学生从该种制度提供的多元选择中做出一种主动选择，从而符合实现学生主体间性的制度要求。如果对教育活动中"教师与学生"的行为方式直接做出规定，就是一种替别人做出选择的、危害到个人自由的制度方式，是妨碍个人主体的、愚笨的制度构想；制度只有对关涉教师与学生双重领域之外的第三方做出规定，才能够发挥制度本身的作用，使学生在积极自愿的选择中实现自我。因此，制度对象如果要给人自主选择的空间，对象性领域的确定就要满足"他者性要求"。

（三）知识制度：核心对象的现实确认

经过思考论证，本书最终将形成教育制序的制度对象确定为"知识制度"。知识制度是"以'知识'为对象，以'认知规训与主体人格生成'为追求目标，而做出的一种理性计算、博弈规则和安排"。学校教育中的知识制度，具有"均衡知识课程内部的张力关系、规训知识活动主体的认知水平、调节知识活动主体间的平等关系而生成主体人格"之功能，只有以"知识制度"为核心对象，才能使教育真正实现其生成人的目标。

1. 知识制度作为核心对象具有必然性

首先，由教育培养真正人的目标决定。"知识制度"在教育中的作用是轻视还是重视，取决于教育要生成"真正人"的目标。当前，教育培养"真正人"的目标显得尤为突出、迫切。在中国教育实践中，历来"认知层面的知识传承与生产"的目标达成得较为成功；而"主体人格养成"的目标一直"成之无法"。教育要培养"真正人"（认知规训与主体人格兼而有之）的目标成为教育界长期以来"存在着的焦虑""研究的焦点"。教育要使人求知，教育也要使人生成有热情、有理想、有创造、有个性的主体人格，即教育要生成"真正人"。笔者发现，教育要生成"真正人"，必须以"知识制度"为基点，依靠合理的"知识制度"来完成。因为，知识制度是实现教育培养"真正人"的主要承担者，且是具有可能性的。

其次，"学校中的知识"具有全面培养人的责任与义务。学校教育中的"知识"制度，之所以能够承担教育培养"真正人"的任务，主要是由"知识与学校教育的关系"决定的。"一方面，教育是知识筛选、传播、分配、积累和发展的重要途径；另一方面，知识是教育的重要内容与载体，离开了知识，教育只会成为无米之炊，各式各样的教育目标（如技能、能力、态度、情感、人格等）也就无法达成。"[①] 此句精辟地道出了知识与教育的关系。这样，教育目标就要以"知识的某种形式"为依托来实现就成为必然。同时，又因为教育中直接关涉人的培养的是"教与学"活动，而"教与学"活动中知识是介于教师和学生之间的桥梁，知识在"教与学"活动中的核心地位也决定以"知识的某种形式"为依托来生成完整人成为

---

① 石中英：《知识转型与教育改革》，教育科学出版社2001年版，第1页。

理所当然。沿此逻辑，笔者汲取了相关社会学理论，将知识的"某种形式"定位为知识"制度"。"制度"是一种根植于人们自身的利益追求和理性计算而对关系处理的规则和程序，在本质上表现为一种博弈安排。所以，知识制度作为"以'知识'为对象，以'认知规训与主体人格生成'为追求目标，而做出的一种理性计算、博弈规则和安排"，可以均衡知识课程内部的张力关系；可以规训知识活动主体的认知水平，可以调节知识活动主体间的平等关系而生成主体人格。这样，知识制度就成为教育培养"完整人"的承担者。

再次，知识是学校教育中的核心资源。学校教育中存在众多制度，为什么必须以知识制度为对象呢？因为在所有教育制度资源中，知识是最具有价值优先性的资源。尽管存在其他诸如"入学机会、经费投入、物质条件、师资配备"等制度资源，但最终目的只有一个，即为了学生能学到更好的知识，并通过知识发展能力，培养全面发展的人。这样看来，学校教育中知识的学习在价值上具有"优先性"，有了知识，才有了将来在社会上的一切发展机会、资源和地位等。所以，学生在学校中最看重的一定是"知识"获得的多少，只有在知识获得的组织安排中感受到了平等和自由，学生才能够真正在人格上感到"平等和自由"。其他外在资源条件因素，因为是外在条件性安排而无法时时刻刻保障每个学生都"一样""同等"，总会有"不同等"的地方。退一步来说，即使在所有资源都"同样"的学校里，学生因为知识上无法获得"平等"体验，也无法形成自由平等的信念和人格。因此，知识是学校教育中的核心资源，制序对象必须首先以"知识制度"为核心。

最后，知识对于教育培养人的意义历来受到重视，知识在教育中的地位历来受到重视。波普尔的《通过知识获得解放》一书之序中就写道："在现代教育中，专业教育日益暴露出一个严重的缺陷，即心灵狭隘的缺陷。这个问题在艺术教育中也未能避免。我们所谓的艺术学院，通常是建立在这样一种理论上，即通过艺术教育将学生引入精神生活。然而，它却往往忽略了为知识而奋斗或通过知识而解放的历史，忽略了科学观念的历史，甚至忽略了教育学生在理智上的诚实。结果，它导致了心灵的贫困和心胸的狭窄，甚至它导致了漠视价值的可怕倾向。摆脱这种困境的途径之一,也许是恢复学院的一个古老传统——重新唤起对知识的惊奇感……"其中深刻指出了现代教育试图通过所谓的"艺术教育"而"将学生引入精神生活",其结果必然是"导致了心灵的贫困和心胸的狭窄,甚至它导致了漠视价值的可怕倾向"。这种睿智和灼见,是在凭借"各种爱和体验"的教育理念日益盛行的今天,很难觉察并说出的"真相",有着此种真知灼见的人必定是对历史和现实有着深刻洞察力的人,深刻地洞察了知识对于教育培养全面发展的人的重要意义。

波普尔在《通过知识获得解放》中多处指出:"对康德来说,这种通过知识而自我解放的观念一直是他毕生的任务及向导……我们应当把通过知识而自我解放或任何其他主要是理智上的训练,当作人类生活的全部意义或目的。"的确,康德不需要浪漫主义者的帮助来批评纯粹理性,也不需要他们的暗示来认识到人不是纯粹理性的;他知道,单纯理性知识既不是人类生活中的最佳事物,也不是最崇高的事物。他是多元论者,相信人类经验的多样性和人类目标的多样性;作为多元论者,他信奉开放的社会、多元的社会,它会实践地"尊重他人的自由和自主权,因为人的尊严在于他的自由,在于尊重他人的自主的和负责任的信仰,尤其在这些信仰与他自己的信仰迥然不同的情况下"。然而,尽管他主张多元论,却把理智的自我教育或通过知识而自我解放,当作必不可少的任务,要求每个人在此时此地立即行动并永远行动。因为"只有通过知识的增长,心灵才能从它的精神束缚即偏见、偶像和可避免的错误的束缚中解放出来"[①]。他还论述道:"通过知识而获得解放的观念是启蒙运动的基本观念……在我们创造自由的多元社会及知识增长和通过知识而自我解放的社会框架的伟大历史任务中,重要的莫过于能够批评地看待我们自己的观念。"[②] 显然,波普尔在"批判了把知识作为绝对理性的'理性至上主义',也批判了把知识作为相对理性的'怀疑论'"之后,对知识重新进行了定位与认识。

由此可见,虽然对知识的坚信可能在现在社会中遭到批判,因为它是启蒙时代提出的口号,但是通过对多元社会的进一步分析,教育在重新理

---

① [英]卡尔·波普尔:《通过知识获得解放》,范景中译,中国美术学院出版社1996年版,第179页。

② 同上书,第193页。

解知识的基础上，仍然继续坚信知识对于自我教育的重要性，可见确是合理性的确认结果。

2. 知识制度作为对象具有可能性

知识制度以知识为对象性内容，知识的属性在一定程度上决定教育生成"认知规训和主体人格兼而有之的人"具有可能，主要源于知识社会学的理论分析。

"知识社会学"（sociology of knowledge）的概念由德国社会哲学家马克思·舍勒（Max Scheler）于1924年在其著作《知识社会学问题》中首次提出。被誉为现象学第二泰斗的舍勒，将现象学方法运用于社会学研究，并首创了知识社会学的概念，因而被称为知识社会学的先驱。1929年，匈裔德国社会学家卡尔·曼海姆（Karl Mannheim）又以一本专著《意识形态与乌托邦：知识社会学导论》，使知识社会学有了长足发展。随后在伯格和卢克曼以及斯达克等学者的共同努力下，知识社会学理论开始不断发展并引起广泛关注。

从理论渊源上看，知识社会学的建立是舍勒和曼海姆等人在马克思、狄尔泰、尼采、迪尔凯姆、胡塞尔、韦伯等思想先哲关于知识问题思考的基础上形成的。知识社会学以"19世纪德国思想上的三大发展，亦即马克思论、尼采哲学与历史主义"[①]为近代思想源头，为知识社会学的发展奠定了雄厚的理论基础。福柯也对知识与社会权力关系有深刻的认识，早在《规训与惩罚》等著作中就作了较为明确的论述，他认为知识体系不可避免地与权力体制密切相关。权力体系产生出不同形式的知识，这些不同形式的知识反过来又影响社会关系。福柯在《规训与惩罚》中特别强调："权力产生知识，权力和知识直接地相互拥抱，不存在任何没有相关知识领域之构造的权力关系，也不存在任何没有不同时以权力关系为先决条件并构造出权力关系的知识。"这段话的意思是：权力产生知识，知识产生权力，权力与知识密不可分，"知识与权力总是融合在一道"。在福柯看来由语言建构的知识学科，构成了对世界与人的一种规约，真理不过是语言的建构物，反过来语言又生产了一套真理体制，为权力运作提供必要的知

---

① ［美］彼得·伯格、汤姆斯·卢克曼：《知识社会学：社会实体的建构》，邹理民译，巨流图书公司1991年版，第11—12页。

识，形成一套知识管理技术，乃至一种知识政治。

把知识社会学引入教育领域来论述问题，使知识社会学真正融入教育社会学，主要得益于英国的麦克·扬（Michael F. D. Young）、巴兹尔·伯恩斯坦（Basil Bernstein）和美国的迈克尔·阿普尔（APPle M. W），以及法国的皮埃尔·布迪厄（Pierre Bourdieu）等学者的卓越贡献。主要代表作有麦克·扬的《知识与控制——教育社会学新探》；阿普尔的《权力与学校知识》《意识形态与课程》；伯恩斯坦的《阶级、语言编码与控制》系列丛书的教育传播部分；恩格尔斯坦的《学校课程社会学》等。他们的研究从不同的视角认为，"被当作教育知识的东西是需要质疑的"[①]；教育社会学的研究重点，需要"从传统上对分配和教育组织的关注，转向对课程和教学问题的研究"[②]。

知识社会学具有认识论的贡献。知识社会学是一门研究知识与社会之间关系的学问，它既是认识论的一部分，又是社会学中的一支。作为认识论的一部分，它专门研究知识或思想怎样在社会条件的制约下形成。知识社会学因解决知识如何成为真理的问题而诞生，并自其产生开始的任务就是探讨"知识"的产生如何受到社会因素和价值的影响，而且认为一切知识都必须从社会学的角度才能说明其起源、形式、内容和有效性，不仅所有知识、不仅知识的形式和内容，而且知识的合理性和客观性以及逻辑本身都是由社会决定的。更确切地说，知识社会学的任务即详细追索其他的社会文化因素如何影响知识或思想过程，以及影响的程度如何。社会对知识的影响对所有知识的所有方面都起着关键作用——尽管不是唯一的作用。用布鲁尔的话说就是："没有一种信念处于社会学家的视野之外，所有知识都包含某种社会成分。"[③] 这样，知识社会学"通过大胆地认可这些关系，把它们引入科学本身的领域，来解决知识受社会制约的问题，并用它们来检验我们的研究结论的正确性"[④]，完善了传统认识论当中没有吸收

[①] [英] 麦克·扬：《知识与控制：教育社会学新探》，谢维和等译，华东师范大学出版社 2002 年版，第 3 页。
[②] 同上书，第 1 页。
[③] [英] 大卫·布鲁尔：《知识和社会意象》，艾彦译，东方出版社 2001 年版，第 48 页。
[④] Karl Mannheim, *Ideology and Utopia: An Introduction to the Sociology of Knowledge*, Routledge&Kegan Paul, 1979, p. 237.

社会成分影响的"知识观",为"什么是真理性知识"的探讨做出重大贡献。

知识社会学具有社会学贡献。舍勒反对单向的社会决定论,在他看来,知识和思想与社会存在因素之间的主要关系是互动的。曼海姆同样强调知识与社会之间的互动关系,他试图用因果关系将知识与外部世界联系起来,事实也表明,人们在各自的价值观、视角和观点的引导下形成知识对象以建构自己精神领域的过程中,体现了"持久的而且是绝对的人本身的特征"。有论者更加鲜明地指出了知识所具有的社会学成分对人的社会性生成的重要意义:"社会知识的相对性是人的结果并指回到人,是人的一种绝对特性,一种属于他的、在所有时代和所有地方的特性,并且是人因此逃脱相对性纠缠的特性。"[①] 所以从这一点上充分表明,虽然知识就其发生学意义而言,取决于人们的社会地位、身份及阶级利益和文化传统;但反过来说,知识所承担的这些社会学意义也同时建构着人本身,这种建构主要是通过知识的结构来实现的,因为知识结构是社会结构的函数。

从上述可以看出,知识社会学就其核心任务来说,是对知识或思想的"客观真理性"一种观点、取向、思考方式。其特点是突破了传统的认识论与思想史的完全限于思想之内在理路的探讨,将知识或思想当作社会各存在因素的一个函数,其基本意图是意在揭示知识背后隐藏着的意识形态问题。换句话说就是权力与知识的共生关系问题。因此,可以说,所谓的知识与社会存在之间的互动关系也主要是着眼于这样的知识与权力的方面,社会意识、经济等对于知识形成的制约,知识对于社会意识形态的影响。虽然知识与权力的关系不能直接为人的生成提供理论依据,但是,从其思想精华中可以看出其对于"人的生成"的重要启示。

社会是由人组成的,知识也是人对于外部世界的认识,因此,在知识与社会的关系中,人是隐性的前提,因而,知识与社会的关系为人的生成提供了一个基本路径。迪尔凯姆指出,"(知识)范畴不仅来自社会,而且它们所表达的事物也具有社会性质。它们不仅是社会建立的,其内容也包

---

① Stark, Werner, *The Sociology of Knowledge/An Essay in Aid of a Deeper Understanding of the History of Ideas*, Routledge and Kegan Paul Ltd, 1958, p. 196.

括了社会存在的各个不同方面"①。知识存在于社会之中,"揭示知识的本质和特征就意味着对整个社会进行分析。社会生活的状况、集体行动的逻辑、社会的组织方式以及社会的需要或面临的根本任务等,不仅影响知识的产生,而且影响知识的特征"②。因此对于人的知识学习具有重要意义。同时,又因为"社会的因素内在于我们每一个人"③,知识是社会生活的集体表现或集体生活的反映,它的稳定性和普遍性也必须从社会的视角得到解释。所以迪尔凯姆认为,这种集体情感和集体意识是社会形成并保持统一性和人格性不可或缺的前提条件。

(四) 课程设计:核心对象的现实载体

在学校教育中,知识制度的现实载体是"课程"设计。课程的"知识和制度"属性为课程设计提供理论上的可能。

1. 课程知识提供的理论可能

从课程知识之品性来看,知识中"无人身"的中性判断被颠覆。知识的品性(品格性质)是关于"知识是什么、如何获得、以什么方式存在"的本质性判断。知识的品性决定着知识具有何种功能以及如何践行。课程知识,属于学校教育过程中被选择、组织和传递的供学习者学习的"教育知识"范畴,也必然关注知识的品格与性质。一直以来,产生于近代的实在论知识观占据知识品性观的主导。这种实在论知识观,是柏拉图的理性主义知识观的产物,认为知识是人类理性认识的结果,是人们对实际存在事物的客观映像与表述。认识的目的在于追求知识与客观世界之间的"一致"与"符合"。以此种知识观为基础的传统课程知识观也是如此,课程中传授的是"正确的知识""真理""客观规律",学生认识的是客观真实世界,而不是"谬误""偏见""假象"。所以,从品性来说,传统课程知识是绝对客观的、普遍的、价值中立的、"无人身"的、终极性的纯粹知识。知识社会学视阈中的知识品性观却与此根本不同。它把"人身"引入

---

① [法] 爱弥尔·涂尔干:《宗教生活的基本形式》,渠东、汲喆译,上海人民出版社1999年版,第576页。
② 胡辉华:《论知识社会学的困境》,《哲学研究》2005年第4期。
③ [法] 爱弥尔·涂尔干:《宗教生活的基本形式》,渠东、汲喆译,上海人民出版社1999年版,第583页。

"知识本身",从根本上颠覆了传统的价值中立的课程知识观。认为,任何知识都不是"纯粹"的,一切知识的产生、合理性、客观性以及逻辑本身都是由社会决定的,一切知识都必须从社会学的角度才能说明其起源、形式、内容和有效性。正如麦克·扬所说的那样,"所有的知识都是社会建构的,换句话说,所有的课程都反映了某些社会群体的利益"①。从斯宾塞的"什么知识最有价值"到阿普尔的"谁的知识最有价值"的提问方式的转变,就深刻反映了课程知识引入人身的演变历程。因此,课程知识"便通过大胆地认可这些关系,把它们引入科学本身的领域,来解决知识受社会制约的问题,并用它们来检验我们的研究结论的正确性"②。由此看来,学校课程知识因着布鲁尔所说的"所有知识都包含某种社会成分"③,而把"人身"渗透到知识的存在方式当中,从根本上否定了传统的"知识"与"人"完全割离、"知识是独立于人之外的中性存在"的课程知识观。

从课程知识之功能看,"知性"与"人性"的相遇成为可能。在学校教育中,课程知识具有提高人"认知"水平的使命与功能,这是由教育本身的"知识生产和再生产"的过程特性所决定的。课程知识具有提高人的"知性"的功能,而且是课程知识本身的"自然性"价值,已经得到共识。但是,传统课程知识观却把课程知识的使命仅仅局限于这种"知性"功能,知识学习的目的和使命就是"知识本身",知识本身成为目的,它控制了课程、控制了教育、控制了人。在学校教育中,知识总是以"真理"身份出现,作为人性的"客观对立物"存在,仿佛是学校教育中人性发展的异化力量。知识社会学视阈中课程知识被赋予了"人性"养成的使命。按照马克思关于"自然与自在"的分类来看,如果说课程知识具有提高"认知"水平的"知性"功能是其"自然性价值",那么,课程知识被赋予的"人性"生成价值就是其"自在性价值"。课程知识的"人性"生成价值要想成为可能,需要从什么是"人性特征"来着手。人性,是人之为人的主体性人格,人性的生成首先是自主、自由、平等等基本人格的体验

---

① [英]麦克·扬:《知识与控制:教育社会学新探》,谢维和等译,华东师范大学出版社2002年版,第2页。

② Karl Mannheim, *Ideology and Utopia: An Introduction to the Sociology of Knowledge*, Routledge&Kegan Paul, 1979, p. 237.

③ [英]大卫·布鲁尔:《知识和社会意象》,艾彦译,东方出版社2001年版,第48页。

与习得，以及在此基础上人的精神成长及"心灵的转向"（柏拉图）。知识社会学为此做出了奠基性努力。当知识被理解为一种个人和集体行动者在历史和日常社会现实中的建构时，知识的这种社会性质就为承担人性生成功能提供了可能。因为，正像迪尔凯姆认可涂尔干"（知识）范畴不仅来自社会，而且它们所表达的事物也具有社会性质。它们不仅是社会建立的，其内容也包括了社会存在的各个不同方面"的思想，又进一步认同"社会的因素内在于我们每一个人"的观点一样，我们得到了"人是在知识与社会关系中的隐性前提"之论断。社会是由人组成的，知识也是人与人关系之中的社会建构，人是知识与社会的中介。人们在各自的价值观、视角的引导下形成的知识，体现了"持久的而且是绝对的人本身的特征"。按照知识社会学的观点，从"知识结构是社会结构的函数""人在本质上是与他的社会结构联系在一起"的前提出发，通过对作为"社会结构的函数"的"知识结构"的组织，课程知识中人性生成就成为可能。著名知识社会学者斯达克更是鲜明地指出了知识所承担的社会性成分对"人性生成"的重要意义——"社会知识的相对性是人的结果并指回到人，是人的一种绝对特性，一种属于他的、在所有时代和所有地方的特性"。因此，正如布迪厄所说的"知识场域是一系列社会关系的中介"一样，学校教育中课程知识也为人的"知性"与"人性"共同发展提供了可能"境域"，知性与人性在课程知识里的"相遇"[①] 成为可能。

2. 制度理论所提供的理论

新制度主义作为一门新兴的理论流派，产生于20世纪60年代的经济学领域，80年代后因成为主流经济学思想而流行于各个学科。

基于新制度主义的启示，知识制度生成"认知规训和主体人格兼而有之"的"真正人"的方式也必然从一个旧制度主义的方式转向一个新制度主义的策略。知识制度要抛弃"试图分析知识内容本身，什么知识是优势知识，什么知识是弱势知识，然后人为地把如何实现这两种知识之间的平衡以及代表这两种知识的利益主体之间的平衡"的启图；抛弃旧制度主义的强制性制度安排所带来的替别人做出选择、危害他人自由的制度方式，

[①] 郭晓明：《知识与教化：课程知识观的重建》，《华东师范大学学报》（教育科学版）2003年第2期。

抛弃妨碍他人主体选择的制度构想；认为，只有在新制度主义的理论观照下，来分析"制度是如何根据人性和制度本身的双重要求调节人的行为，如何确定知识制度生成'认知规训和主体人格兼而有之'的'真正人'的制度机理、原则"，才是真正有效的做法。

由此看来，知识制度能否生成真正人，关键在于能否挖掘出合理的制度机理和原则，否则，依靠知识制度来生成真正人，就成了一句空论，毫无意义。因此，以知识为对象来安排知识的结构、组合方式，分析如何实现"认知规训和主体人格兼而有之"的制度机理研究，才是本书论证的重中之重。因此说，制度设计必须依据合理的制度原则，只有合理的制度原则，才会使矛盾双方的安排符合人性，让人做出一种主动的接受和选择。康芒斯认为，制度就是"集体行动抑制、解放和扩张个体行动"①。更进一步说，制度到底是抑制还是解放个体行为，就要看制度制定的原则了。因此，什么样的制度原则能够提供"民主和规训"矛盾关系处理的博弈安排，是"制序生成人"能否实现、是否可行的关键点。

3. 课程设计属于知识制度范畴

课程设计，在本质上属于知识制度范畴。更进一步来说，课程设计属于"关于知识的规则、程序和行为规范"的知识制度范畴，知识制度必须以课程设计为载体。因为课程是在教育教学过程中被选择、组织和传递的供学习者学习的知识。而且，"课程知识并不是一种一般的知识，而是一种'法定知识'（Legitimate Knowledge），即在教育领域中被'合法化'了的知识"②。因此，课程属于知识范畴，且是"学校教育中的知识"范畴。

设计指什么？通俗意义上，人类一切有目的的活动都离不开设计，只要是为了一定目的而从事规划、计划、安排、布置、设想、筹划、策划的都可以算是"设计"。作为一个理论概念，设计是为满足一定的需要，精心寻找和选择满意备选方案的筹划、安排活动。从这个意义上讲，设计的本质表现为一种制度。因为，"制度是一系列被制定出来的规则、守法程序和行为的道德伦理规范，它旨在约束追求主体福利或效用最大化利益的

---

① ［美］康芒斯：《制度经济学》（上），于树生译，商务印书馆1962年版，第92页。
② 郭晓明：《论中国课程知识供应制度的调整》，《华东师范大学学报》（教育科学版）2005年第2期。

个人行为"①。由此可见，二者都是从一定目的出发，追求满意的、利益最大化的计划安排的过程。

因此，课程设计结合了知识和制度的属性，属于学校教育中"知识制度"范畴。知识制度是指知识和制度的结合，是以知识为对象性内容，制定出来的关于知识的规则、程序和规范。泰勒在1949年撰写的《课程与教学的基本原理》中提出课程设计的四个步骤，更加印证了"课程设计属于知识制度范畴"这一结论。泰勒指出，课程设计过程包括：①学校应该达到哪些教育目标；②提供哪些经验才能达成这些目标；③怎样才能有效地组织这些教育经验；④如何确信这些目标正在得到实现。这种关于教育经验（知识）的选择、组织、评价的过程正是知识制度内涵的表征。所以，对课程设计自身诸问题的思考分析，就要在知识制度的框架内、视阈中进行。

从现实的课程设计的现状来看，到目前为止，不管是科学范式，还是解释学范式，抑或是实践范式的课程设计，大都停留在直接以"一套具体的课程设计方案"为重心的"实体研究"阶段。随着教育改革实践的逐步深入，由于每一套具体课程设计方案依据的价值观不同，选择自己认为的"最有价值的知识"不同，再加上把这些知识组织、贯穿起来的方式不同，以及预期实现的目标不同，就造成了各个具体设计方案之间的分歧和冲突，并且各执一端。在当前尤其表现为以社会"知识规训"和"个性人格生成"两大目标的具体设计方案之间的论争，仿佛各有理由而互不妥协。在这种情况下，就必然引发对以往一直没有进入研究视野、当作不证自明之前提的"课程设计"自身问题的思考，诸如："课程设计属于什么范畴？什么是课程设计之能为，什么是课程设计所不能为？课程设计以什么为目标比较合理？能否将'知识规训'和'主体人格生成'两大目标在一套具体课程设计方案中合二为一？课程设计又是如何实现其所能为的目标的？"这样，课程设计就由"具体方案"研究阶段跃迁到"反思课程设计自身"的研究阶段。本书就是针对如何同时实现社会"知识规训"和"个性人格生成"两大目标，对"课程设计自身"的实施策略做出建构，以真正实现

---

① ［美］诺思：《经济史中的结构与变迁》，陈郁、罗华平译，上海人民出版社1994年版，第225—226页。

教育生成人的目的。因此，教育制序的核心载体是知识制度，具体的教育现实中其直接的现实对应物是课程设计。

二 核心策略的实现构想

课程设计的策略模式，是贯彻落实知识制度的"多元中的等级性"原则的产物。如果这一原则不能落到实处，原则就有"不具说服力之嫌"。但是，正如前文多次强调的那样，由于本书致思路径的要求，无意也无力给出具体的教学计划和课程标准，只是对于教学大纲或者计划尝试给出一种策略模式。旨在通过实例说明设计的策略模式，以求对整个制序发展理路予以完整展现。

（一）课程设计中"等级"和"多元"的指称

人类的活动范围包括自然、社会、人类思维等各个领域，这些活动领域同时构成了人类知识经验体系，表现出一个从简单到复杂，从低级到高级的结构序列，而且这些序列随着人类活动的不断扩展，也在不断地向横向和纵向延伸。人类能力的发展，以文化内容为载体，以个体能力发展为目的。从总体上看，人类能力的发展具有同一性；同时，不同国家、不同地区、不同民族和不同人群的能力具有多样性和重复性。所以，人类能力的种类以及发展水平的高低不同的客观性，就要求课程必须为其提供丰富的内容和样式，要求课程知识的深度与广度与人类能力的范围与阶梯相统一。

课程的组织和设计历来围绕课程的广度和深度来进行，也就是以课程中"同一学科的难度"（即学生的学习水平。难度就是针对学生的学习水平来分的）和"不同学科之间的分类"来进行的。以此会形成不同的课程组织序列。以此为基点，本书开始展开"多元中的等级"的制度原则在课程设计中的策略模式的探寻。

1. "等级"指称内涵及相关研究

（1）等级指称

对于个体能力发展进程来说，已有文化的集中凝结，一旦成为课程内容并在教育活动中运行，学生体验到的就是由低到高的不同级别难度水平，这些不同的级别，表现为不同的课程难度阶梯。所以由此可以说，课程的难度水平，实质是人类在特定文化背景中凝结于其中的人类能力的发展水平。

因此，课程的"等级"体现在"每一学科所规定知识的掌握程度和水平高低"上，也就是学习成绩好坏问题。学生在同一学科知识中学习水平也是不同的，有的水平高些，有的水平低些。水平所表现出的一种高低之分，在根本上就表现为垂直方向上学生掌握知识程度的等级之分，它给予学生不断向上的动力，争取提高水平，使等级靠前。

（2）对"水平等级"关注的课程研究

第一，布卢姆的目标分类学。1948年美国心理协会大会之后，布卢姆以及他的同事在长期研究的基础上提出了教育目标的层级理论，一般被称为"布卢姆的（教育目标）分类学"。布卢姆尝试将人类认知水平细分成6个水平，从最简单的活动到最复杂的活动依次为：①知识。指对已学过的材料的记忆。这是认知领域中学习效果最低级的层次。②理解。理解需要掌握材料的能力。这种学习是对材料简单记忆的更进一步，它是智力的最低级水平。③应用。指在新的和具体的形式下使用已学材料的能力，包括对法规、方法、概念、原则、法律和理论的运用。在这一领域的学习要求达到较高的理解水平。④分析。把材料分解成各个部分以便于对各个组成部分的理解，这种能力被称为分析，包括对各部分的鉴别，对各部分之间的分析，以及对各部分组成原则的认识。分析是比理解和应用更高一级的智力水平，因为它要求对材料内容和结构原则都有一个比较明确的认识。⑤综合。指将各个部分组成一个新的整体的能力。这一领域的学习强调创造行为，关键在于引进新模式和新结构。⑥评价。评价是在给定目的的情况下，判断材料价值的能力。这种判断要以一定的标准为基础，在整个认知领域里，这一层次要求最高，因为它包括对所有范畴的要素的价值判断。

第二，在布卢姆的基础上，相继出现众多以课程层次分类为主题的相关研究，较近的研究成果是凯思尔以目标分类学思想为基础，开发出的以培养学习者多层认知能力为目的的"分层课程"教学模式。

"分层课程"教学模式是美国盐湖城的凯思尔等教师出身的教育心理学家和脑科学家在中学阶段合作开发的一种引人注目的教学模式。他们收集了"脑的十年"[①]的脑科学研究成果并应用于教学，使知识传播方式发

---

① 美国布什把20世纪的最后十年，宣布为脑的十年，不是为科学家讲的，是为教育界和公众讲的。

生了重要的变化。分层课程模式顺应当今重视学生个别差异，促进个性发展的全球化教育改革和课程改革的共同趋势，凯思尔博士认为，教学策略上的一点改变就能引起课堂效率的巨大变化。①

从目的来看，"分层课程"模式针对学生学习风格的个别差异进行了课程与教学的新尝试，注重学生的个别差异与个性发展，认为在正常的教学中没有整齐划一的学生，学生的不同要求，需要考虑课程通过何种方式去呈现②。"分层课程"模式以此为基础，试图使所有的学生在各自不同的水平上开始其学习的体验，从个别化的起点出发来规划个人的成长。

从实施模式来看，"分层课程"教学模式针对班级授课制下不同学生的学习风格的多方面差异，根据学生学习时对视觉型、听觉型和动手操作型等不同学习水平的偏好，将学生的学习由高到低划分为A、B、C三层，每一层代表着一级学习水平和深度。学生可以从教师所指派的多种学习任务中进行自主选择。这种分层并非是由教师根据某种标准对学生进行固定的划分或分班分组，而是由学生自主选择，同时也可进行多种选择。"分层课程"教学模式力图实现以学生为中心的教学，创造一个学生能自主控制的，并为其所选择的层次的任务负责的学习环境。在学习过程中师生能充分地交互作用。

"分层课程"教学模式的主要益处是它能充分发挥重视学生个别差异、促进学生个性发展的优势，即使学生选择为他们准备的相同任务，教师也会对不同的学生赋予不同的期望。凯思尔认为，并非接受特殊教育的学生才应该得到个性化的教育。事实上，所有的学生都应得到个性化的教育和培养。"分层课程"强调学生自主选择教师安排的任务，强调教师与学生的口头交流，对个性化教学来说是非常有益的。美国教育界很多专家和实验教师对此模式总体评价较好，认为分层课程中教师作为学生在学习中成长的促进者，对学生给予了个性化的指导，并能够像教练一样帮助每一个学生达到他们的目标，这些对学生的发展都是相当有益的。

---

① Kathie F. "Nunley. Leyered Curriculum Brings Teachers to Tiers", *The Education Digest*, 2003（9）.

② Kathie F. Nunley. *Leyered Curriculum*: *The Workbook*, Brains. org, 2002, p.6.

在国内，也有学者关注这一研究。如黄甫全教授在"关于课程难度阶梯"研究中就关注课程难度的层级性和多规格性，指出："中小学课程难度阶梯是多规格的，其中具有典型意义的是基本规格阶梯、最高规格阶梯和最低规格阶梯。在最高规格阶梯与最低规格阶梯之间，包容着由低规格到高规格的若干一定规格的阶梯，从而构成了一道多规格有机结合的中小学课程难度阶梯。"①

2. "多元"指称内涵及相关研究

首先，课程的"多元"体现在"学科的丰富与选择"上，这是选择学什么的学科结构问题。在《辞海》中，学科的内涵分为两个层次，一个是学术的分类，指一定科学领域或一门科学的分支；另一个是"教学科目"的简称，亦即科目。现代意义上的学科主要指"通过知识领域实现专门化"②，不同的学科是关于不同专门领域的知识。对于每个学生来说，不可否认的是，在不同的知识和技能领域其学习能力是存在差异的。因此，不管是部分选修还是全部选修，学生只要有根据自己的兴趣和能力来选择学习某个领域知识、技能的机会与可能，就体现了"多元"的学科结构特点，它标志着水平方向上学科结构的展开。

其次，对"科目多元"关注的课程研究。

科目是随着人类社会的发展与科学技术进步而出现的，是社会分工与科学演化的结果。古希腊人的"百科全书式"的"七艺"，以及我国起源于夏代、发展于西周的"六艺"教育，便是学科发展的源流，是当时的基本的学科。

在国外，古希腊与古罗马时期的"三艺""四艺"统称"七艺"（算术、几何、天文、音乐、语法、修辞、辩证法），欧洲文艺复兴时期分科教学发展到十几门课程；资本主义初期发展到了文法、文学、历史等二十多个分科课程，基本上形成了现代西方分科教学的学科体系的框架。我国古代，分科教学科目是"六艺"（礼、乐、射、御、书、数）。近代的分科教学的学科体系是 20 世纪初开始形成的。1902 年《钦定学堂章程》规定

---

① 黄甫全：《关于课程难度阶梯的初步探讨》，《华南师范大学学报》（社会科学版）1995 年第 2 期。

② ［美］伯顿·克拉克：《高等教育系统》，王承绪等译，杭州大学出版社 1994 年版，第 34 页。

了近代中学的教学科目：修身、中国文学、历史、算术等11科。1903年《奏定学堂章程》规定了小学的教育科目。现代的分科教学科目体系是在近代体系的基础上吸收、借鉴了国外的现代体系形成的。

1632年，夸美纽斯所著的《大教学论》问世，为近代资本主义学校课程范围的确定奠定了基础。到了近代，科学与技术的关系日益密切，学校教育为适应资本主义工业发展的需求，大量削减古典人文课程，增强实科课程。但中国的课程内容仍因以"伦理—政治"为价值导向而落后于时代。20世纪60年代后，伴随着"知识爆炸"与信息时代的到来，课程综合化的倾向更为明显，在分科教学实践中的"分科主义"，产生了众多负面影响，致使分科教学走了样、变了形。一方面，中学过早实行文、理分科教学，甚至根据高考考试科目将学科划分为"主科"与"副科"，为学生偏科现象的产生与片面发展埋下了隐患。另一方面，分科教学内容远离学生生活世界，教学中"学科本位"思想难免会造成"繁、难、偏、旧"的现实。又由于各学科课程之间的隔阂，使得各学科教师之间缺乏沟通、交流与合作，教师专业化程度受到了限制。为此，我们不得不对现有分科教学进行反思，并提出创新的思路——课程从分科趋向综合。通过以学科、儿童以及社会为本位的课程综合达到学科的综合化，通过开设综合课程弥补分科课程的不足。

学科内部内容选择和组织形式，虽经历了一个长期的发展演变历程，但到今天，仍然是以基本的学科为基础的组合安排。无论是以原有学科界线为基础的课程综合，还是打破学科界限以一定主题为基础的课程综合；不管是综合课程还是课程整合，抑或是课程模块理论，暂且搁置其优劣不论，从其根本组织形式上讲，没有改变以"某个专门的知识领域"为基础、以"多个科目"为基础的结构安排方式。正像我们所看到的那样，学科的产生是在原始哲学中分化演绎出来的，即使现在我们要重新改变知识的组织方式，用综合的方式来取代分科教学，仍然改变不了知识是分为不同领域的知识、综合的直接基础是不同科目的现实。如，伯恩斯坦就看到无论学科界限强弱，知识总是有其分类的事实。伯恩斯坦在其知识社会学的经典著作《论教育知识的分类与构架》中系统论述的"分类"理论，就是指的建立和维持各学科知识间界限的力量。它有强弱之分，强分类的课程互相隔离，界限明晰，各学科保持分门别类；而弱分类的课程则互相渗透，界限模糊，各学科表现出融汇整合的特点。以此为基础，伯恩斯坦将课程归纳为"集合型"与"整合型"两种，前者学科内容专一，范围明确，界限清楚，与其他科目无交叉现象，后者则通过课程的整合来实现。

因此，理解了本书在何种意义上使用"科目"概念之后，更加有益于理解后文策略模式的论证。

（二）结构$_{水平}$序列：课程设计的策略模式澄清

课程设计以何种实践方式和机制来实现"人的生成"呢？本书认为，"课程设计"在其组织策略中生成"人"。

1. 课程设计策略的相关研究

以往的课程知识偏重于通过课程知识内容本身来培养人。选择"真理性"的适合儿童发展的"正确知识"，尽可能让受教育者客观地认识世界；选择"善与美的知识"来生成受教育者的"善性与美德"。总之，传统教育中人的发展主要通过课程知识的"恰当内容"来实现。而知识社会学却从知识本身的机理出发，把教育中人的生成的实现方式从"知识内容"本身转向了课程知识的选择、组织、实施的方法、原则、策略上；从传统上人们"把知识的组织看作是天经地义的和理所当然的"转向开始关注"构成课程基础的选择和组织的原则"[1]。这并不是说，选择恰当的知识内容不重要，而是表明不能仅仅关注"知识内容本身"，"课程知识的组织策略"对于人的生成具有重大意义。大批知识社会学者通过不懈努力，将"分析框架集中在知识组织和选择的原则上，并且内在地表明这些原则是如何与社会结构相联系"[2]，从而从"知识领域之间的联系实际上反映了人们之间的联系"[3] 的角度深刻探讨了教育过程中人的生成。

在这方面做出实践探索并有突出贡献的教育知识社会学者，首推伯恩斯坦。伯恩斯坦基于"居于支配地位的制度化秩序和知识的组织之间最清晰的关系将处在分层的层面，向'反分层'的发展，或者对各种不同种类

---

[1] ［英］麦克·扬：《知识与控制：教育社会学新探》，谢维和等译，华东师范大学出版社2002年版，第31页。
[2] 同上书，第42页。
[3] 同上书，第41页。

的知识赋予同等的价值……将受到抵制"① 的社会学基本假设，在1971—1975年陆续推出了《阶级、语言编码及控制》系列丛书，其中《论教育知识的分类与构架》一书系统探索了课程知识在选择、分类、传递、评价上所受到的社会制约与控制，指出，"我将要强调这些选择系统的社会性质，以及由此在课程中所出现的知识排列。根据这个观点，任何课程都需要某种原则或一系列原则，根据这些原则，在所有时间的可能内容中，某些内容将获得不同的地位，并形成彼此之间开放或者封闭的联系"②。也就是说，伯恩斯坦试图通过课程知识"组织策略和原则"来改变"知识内容的不同地位"，以达到"对各种不同种类的知识赋予同等的价值"的目的。

"对各种不同种类的知识赋予同等的价值"对教育中人的生成有何作用？伯恩斯坦从反方面做出了回答，认为，"知识的等级"反映了"人与人之间的等级关系"，"知识高度分层的……课程组织模式在教育者和被教育者之间设定了一种严格的等级关系，并为其提供了合法性"③。在伯恩斯坦的书中大量运用了"知识的等级"所带来的"秩序的等级"的论述。对于个人来说，个体在同一知识领域的学习和领会能力必定有所不同，存在水平高低之分，这是人类能力的本性局限，且无法克服。这时，如果"课程知识之间存在价值等级高低的排列"，学习者个体就会经常有技不如人、缺乏自信的情绪情感，无法得到平等的实际体验，就常常会"非常强烈地伤害那些希望获得某种身份但却不能得到这种身份的人，或者是伤害一大批人，因为对于他们来说，在很小的时候就会失去追求某种身份的信心和可能"④。因此说来，课程知识自身的组织策略和机制，在很大程度上影响着教育中人之为人的自主、平等、自由等人格的形成。这种认识为我们展开了一幅不同于现实教育通过"教育内容的正面榜样选择、教师少批评多表扬的'以情育人'"等方式来实现"人性生成"的别样图景。

---

① ［英］麦克·扬:《知识与控制：教育社会学新探》，谢维和等译，华东师范大学出版社2002年版，第42页。
② ［英］巴兹尔·伯恩斯坦:《教育知识的分类和架构》，转引自［英］麦克·扬《知识与控制：教育社会学新探》，华东师范大学出版社2002年版，第63页。
③ ［英］麦克·扬:《知识与控制：教育社会学新探》，谢维和等译，华东师范大学出版社2002年版，第45页。
④ ［英］巴兹尔·伯恩斯坦:《教育知识的分类和架构》，转引自［英］麦克·扬《知识与控制：教育社会学新探》，华东师范大学出版社2002年版，第81页。

课程知识的具体组织策略是什么？伯恩斯坦通过"教育知识编码"过程，以"分类"和"构架"的概念提出了他的课程知识选择、组织和传递的原则策略。在伯恩斯坦看来，分类针对的是课程内容之间的界限清晰程度，体现的是社会的控制程度。强分类的课程知识，学科内容边界清晰严格，分层等级水平高；弱分类的课程知识，知识内容之间互有渗透融合，边界模糊，等级水平弱化。依据分类的概念，伯恩斯坦将课程区分为"集合编码与整合编码"两种类型。"构架"是师生双方对教学进程的控制程度和自由度，具体指对工作的选择、组织和时间安排等方面的控制，也有水平强弱之分。强的分类与构架说明对人的控制水平比较高，人的自由度较小；弱的分类与构架社会控制性很高，人的自由度较大。课程"分类与构架"的"强和弱"的不同排列组合，构成了各种不同类型的课程知识组织方式与策略，也生成了认知水平和主体人格有所不同的"人"。如，强分类强架构的课程知识组织模式下，人的认知水平较高，而自主性、平等性人格较弱；反之，弱分类弱架构的组织模式下，人的认知水平较低，而自主性、平等性人格发展较好。如何通过策略博弈的方式实现完整人的最大发展，是摆在每个国家人面前的艰巨任务。伯恩斯坦指出，"欧洲大陆国家是比较强的分类和特别强的架构；英国的情况是特别强的分类和比欧洲稍弱的构架；美国有最弱的分类与构架"①。伯恩斯坦的具体组织原则与策略，未必是适合所有国家所有教育发展状况的具体策略，但是，他所开启的通过"课程知识的组织策略和机制来生成人"的思路却是值得我们借鉴的。

对于中国学校教育发展而言，如何探索符合我们国家教育状况、促进中国现代教育中"人的生成"的课程知识组织策略，是需要进一步研究的关键性问题。

2. 我国课程设计策略构想

课程知识组织与设计的策略模式研究，需要分清"科目（结构）"和"难度（水平）"到底"何为序、何为列"，以及形成何种"序列"模式，只有这样，才能真正发挥通过课程设计的策略来培养人，最终实现通过制序培养人的功能。有论者在对美国核心知识课程的研究中明确指出，"唯

---

① ［英］巴兹尔·伯恩斯坦：《教育知识的分类和架构》，转引自［英］麦克·扬《知识与控制：教育社会学新探》，华东师范大学出版社 2002 年版，第 67—68 页。

有确定了序列化的知识和技能的学校系统才能够确保全体学生的优异和公平"①。基于此，本书经过深入思考，在揭示我国原有的"水平$_{结构}$序列"的课程设计的弊端基础上，提出以"结构$_{水平}$序列"取代原有的"水平$_{结构}$序列"的课程组织策略。

第一，水平$_{结构}$序列：我国原有课程设计的"实然"模式及其弊端。

我国传统课程制度中的课程安排基本上是一种"水平"等级序列，即主要依靠固定的学习科目中各科学习水平相加的总和，即学生的总体水平。它是一种典型的"等级"设计原则，学科结构不变，只有水平的高低不同带来的等级排列。

当前，基础教育课程改革，注重学科结构多元化，增加选修课，从而形成了一种"水平$_{结构}$"序列的课程设计，每个学生从中选择适合自己的"水平$_{结构}$"序列：

学生1 = 低水平$_{数学}$，低水平$_{语文}$，高水平$_{物理}$，……
学生2 = 高水平$_{数学}$，中等水平$_{语文}$，低水平$_{化学}$，……
……
学生n = 低水平$_{数学}$，中等水平$_{语文}$，高水平$_{化学}$，……

这种改革意图通过扩大学生的选择机会和范围，使学生养成自主独立的学习能力，从而生成主体人格。但是，只要深入透视这一课程制度背后的原则框架，就会发现，实际上事与愿违。因为，水平序列中，结构为自变量，水平是因变量，最后衡量学生质量的还是"水平标准"，即每个学生的"水平$_{结构}$"序列相加之和为学生的水平质量：

水平$_{学生1}$ = 低水平$_{数学}$ + 低水平$_{语文}$ + 高水平$_{物理}$ + ……
水平$_{学生2}$ = 高水平$_{数学}$ + 中等水平$_{语文}$ + 低水平$_{化学}$ + ……
……
水平$_{学生n}$ = 中等水平$_{数学}$ + 中等水平$_{语文}$ + 高水平$_{化学}$ + ……

---

① 邓志伟：《当代美国核心知识课程述析》，《外国教育研究》2006年第2期。

这样，学生在整体中的位置以水平质量为依据，在水平维度上形成一个等级序列，有高低、等级之分；只不过学生之间在科目选择上有所不同而已。但这种原则改变不了的是，每个学科都在上等水平的学生在整体中的位置，依然要优于各个学科放在一起的下等水平学生。所以，由以上对当前我国"水平$_{结构}$"序列的"课程制度"设计的具体分析，我们清楚地看到，它从根本上体现为一种"等级中的多元"制度原则。如图 6-1 所示。

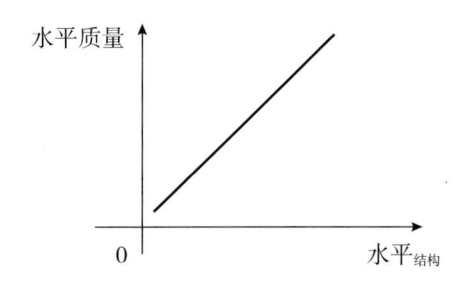

图 6-1　学生在整体中地位分布示意图

这一原则所带来的弊病包括以下几点。

一是"主体人格"无法实现。"水平等级"在前位，"结构多元"就成了"假多元、伪多元"。尽管在整体的等级框架内，可以展开一定程度的多元，学生可以选择一定的科目结构，具有一定的主动性；但是，起决定作用的还是水平标准，水平相加还是以水平论等级，这丝毫不影响整体的等级本质。不管怎么努力，学生只不过是在不同等级之间变动，今天是在低等级位置，明天是在高一点的等级位置，仅此而已。这只能带来等级之间的变动丰富，无法形成平等。久而久之，就形成了中国孩子的一种体验，无论怎样，都会有比我更好的等级，永远也实现不了平等，所以，中国孩子的主体人格、张扬人格不可能形成，形成的只是"内敛型"人格。因此说，"等级"在前位的"多元"，不能给"主体人格"以发展空间。

二是"知识规训"效果降低。当人们看到"主体人格"没有形成之后，就把本应该通过制度中"结构多元"原则来实现的"主体人格"任务，"人为"地落在了依靠个体主观意志上，即要求教师教学手段柔和，要提供和创设一定的情境，让学生感受到"主体"地位，不能告诉学生他们的做法是错误的；不能批评，要多表扬；学生总是对的，要相信学生；等等。这样，学生对"学科所规定知识"的掌握程度和水平也下降，造成本应通过"水平等级"实现"对学生该有的规训力量"也削弱了，"水平等级"也没有发挥真正的"规训"的作用。

因此，该"多元"时没有实现"多元"，该分"等级"时不敢分"等级"，课程制度就不能够完成"知识规训与主体人格"的合理处理。所以就造成了中国教育培养"真正人"，虽经过数次改革仍无法实现。

第二，结构$_{水平}$序列：我国课程设计"应然"策略的实现构想。

"多元中的等级"的知识制度原则下，我国课程设计的"应然"策略是"结构$_{水平}$序列"构想策略。

如果说"等级中的多元"体现为一种水平结构序列，结构为自变量，水平是因变量，最后衡量学生在整体中的位置还是水平质量，那么，"多元中的等级"制度设计就体现为一种结构$_{水平}$序列，水平为自变量，结构为因变量，学生选择的是适合自己的结构$_{水平}$序列之一：

学生1 = 数学$_{水平高}$，语文$_{水平中}$，外语$_{水平低}$，……

学生2 = 数学$_{水平中}$，语文$_{水平高}$，物理$_{水平低}$，……

……

学生n = 化学$_{水平中}$，外语$_{水平高}$，物理$_{水平低}$，……

"结构$_{水平}$"序列中，最后衡量学生质量的是结构质量，结构$_{学生1}$，结构$_{学生2}$，……结构$_{学生n}$，即每个学生的学科结构与学习水平之间排列组合的"结构$_{水平}$"序列。又因为结构是系统内要素间质的组合和量的比例关系，因此结构从形式上必然表现为"多样的"。这种多样性决定了，衡量每个结构序列之间以及在整体中的位置，不能够把每个结构直接相加，而只能从总体上呈现的正态分布趋势来确定。这样，结构序列课程设计体现了"多元中的等级"的制度原则，它以结构多元为制度的整体框架，以水平等级为内部规训，纳"人的多元与等级的本性"要求于同一制度体系内，是一个能够实现"真正人"的合理原则。表现为以下几点。

第一，在"结构$_{水平}$"序列的策略模式中，给予了"主体人格"以发

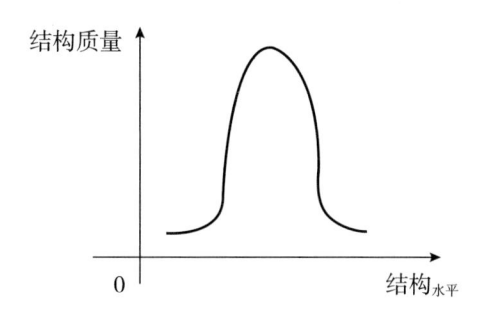

图 6-2 学生在整体中的地位分布示意图

展的合理空间。以结构多元为框架,衡量学生之间以及学生在整体中的位置为正态分布趋势,使得大多数学生在整体中的位置都处于正态分布的中间部位,表现为"结构质量"没有明显差异,学生可以根据自己的兴趣和将来要从事的专业来选择不同的结构。这样,学生都能够正视自己在某方面的不足并坦然接受,只要他们"努力寻求适合自己"[①] 的"结构$_{水平}$"序列中的一列,就基本上会与其他同学表现出一样的发展水平和发展趋势,不会出现严重的等级分化,特别优秀和特别差的人都是占少数的。由此,学生具有了在相互之间以及学生整体中的一种自信,主体性就自然而然地建立起来了。

第二,在结构序列的策略模式中,学生也会主动要求接受"水平等级规训",从而提高认知水平。因为,当制度原则给予了主体性以发展空间之后,学生真正欢迎的是教师能够告诉他们"什么是对、什么是错",在该批评的时候批评,该表扬的时候表扬。这样,学生才能知道自己的真实状况,从"多元"中真正选择适合自己的"一元",适合自己的发展路径。否则,如果教师对自己的评价都是虚假的,为了表扬而表扬,那么,学生

---

① 努力在多元中寻求适合自己的发展序列,正如投票箱的妙处一样,通过这一程序,将决策风险转嫁给了"选民"本身。通过自主的决策,无论是选择课程难度还是内容,都有自己的参与,让每一个参与者感到,决策是他们自己做出的,因此,如果决策失误,便无法将责任推卸到其他人或机构的身上。这样的情况就像是婚姻,假如是由包办而缔结的,日后婚姻一旦出现问题,则当事人完全有理由抱怨包办者的抉择,包办者自然是难辞其咎。但是,如果婚姻是由男女双方自由恋爱而结成,此后的所有不幸都怨不得他人——只能由自己承担后果。包办婚姻如果选得好则皆大欢喜,选不好则当事人抱怨甚至反抗便具有了正当性。越俎代庖的人在行使权力的同时也揽上了责任,而且动辄得咎,常常是费力不讨好。这一点说明了当前人们对教育怨言甚多的根本原因。

无法真正评价自己,就意味着无法真正发挥自己的优点和长处,不能真正选择适合自己的发展路径,失去了与他人平等竞争的机会。

由此可见,课程设计要真正贯彻实现"多元中的等级"原则,要求在课程设计时做到:第一,学科结构中,规定好且严格规定必修课、选修课、核心课和边缘课。这样,学生可以从中做出自主选择,学生可以从中选择适合自己的学科结构样态。第二,对于一个学科中知识的掌握程度严格、合理地区分出低、中、高水平,使学生真正了解自己可以在什么水平上掌握这些知识。

还要强调的是,也许有人会指出,在"多元中的等级"原则引导下建构的"结构$_{水平}$"序列,一方面没有在单一"多元"原则下使主体人格实现得那样完全;另一方面也没有在单一"等级"原则下使知识掌握得那样牢固和扎实。当然,这是必然的。如果要做到最好,那只有采取极端的方式,否则,要在同一制度内实现"社会规训与个性自由"合力的最佳博弈方式就只能是"多元中的等级"了,只有把"多元中的等级"原则纳入"结构$_{水平}$"序列的课程设计,才是培养真正人的有效做法。从这个意义上就可以说,当知识制度的"多元中的等级"原则寻求到结构序列的课程设计的策略模式后,制序就真正成为人"发展自我、完善自我"的一种需要,真正成为生成"完整人"的主要着力点。

三 外围策略的配套改革

"多元中的等级"原则下"结构$_{水平}$"序列的课程设计策略要想在教育活动中得到落实,必须有与之相配套的教育外围制序策略的改革与建设。在笔者看来,基本包括两大方面:一是评价制度的改革与建设;二是管理制度的改革与建设。

(一) 考试制度:评价的制序策略

"结构$_{水平}$"序列的课程设计策略,要求评价制度进行与之相关的配套改革,即由水平质量评价转向结构质量评价,表现在具体考试制度上,考试内容要保证多元中的统一、考试形式要坚持多元中的统一、考试标准要坚持多元中的统一,而且这些措施的贯彻执行要通过制序设计来实现。

首先,考试内容要保证"多元中的统一"。考试内容为适应"水平

（分数）质量"向"结构质量"模式的转变，必须进行深入改革。转变传统考试固定、僵化、封闭的学科观念，考试科目要根据学生所选择的适合自己的不同序列提供不同的结构考察，灵活的考试内容在考查学科能力的同时，也为学生的不同发展需求提供"不同学科结构综合"的考查和评价服务。其次，考试形式要坚持"多元中的统一"。改革传统考试中僵死化和表面化的简化评价形式和方法，提倡多样、灵活、全面、有效的评价形式，要针对学生个体在不同发展阶段的个性发展差异、个性特征采用不同的评价策略；要针对不同学生个体的同一学习现象灵活采取不同的评价策略。而且，坚持把质性评价和量化评价结合起来，坚持把针对学生个体采用的"多样性"评价方法和形式与整体的"统一性"结合起来；坚持多层次多元化考试（如综合素质评价、质性档案评价等个性评价）与"标准化统一"考试相贯通，从而促进学生的全面发展。最后，考试标准要保障"多元中的统一"。考试标准为适应"水平（分数）质量"向"结构质量"模式的转变，应逐步克服以分数为唯一标准的片面性，建立以学生个体为基准的全面结构考核标准体制，如近年来以浙江省为试点、在大部分省份推行的"新高考"改革，采取"7选3"或"6选3"等从几门科目中选考的考试评价制度，就是一种向"结构质量"转变的现实尝试。"多元中的统一"考试标准是针对学生个人不同兴趣、爱好和学习能力的"综合评价"，这就为考试标准的制定提出了较高的要求，需要在教育实践中不断探索和创新。

无论是考试内容、考试形式还是考试标准的"多元中的统一"原则贯彻执行，都需要通过制序设计来实现，以制度来保障。我国对考试制度建设给予高度重视。中共中央、国务院《关于深化教育改革全面推进素质教育的决定》中指出，要加快改革招生考试和评价制度，改革考试制度是推进中小学素质教育的重要举措。2002年教育部出台了我国教育史上第一份关于考试评价制度的文件《关于积极推进中小学评价与考试制度改革的通知》，其中强调指出：在学生发展目标上，主要包括"基础性发展目标（如道德品质、公民素养、学习能力、交流与合作能力、运动与健康、审美与表现）"以及"学科学习目标"两个方面。在考试原则上，注重评价内容、评价方法的多元。评价内容的多元表现在"既要重视学生的学习成绩，也要重视学生的思想品德以及多方面潜能的发展，注重学生的创新能力和实践能力……评价标准既应注意对学生、教师和学校的统一要求，也要关注个体差异以及对发展的不同需求，为学生、教师和学校有个性、有特色的发展提供一定的空间"。评价方法的多样表现在"除考试或测验外，还要研究制定便于评价者普遍使用的科学、简便易行的评价办法，探索有利于引导学生、教师和学校进行积极的自评与他评的评价方法"。

总之，教育中考试制度作为我国一项重大的评价制度体系，具有强大的导向功能。深入进行评价制度的改革和完善，健全制度秩序建设，在程序上给予具有各样要求的每个人同等的发展机会，才能全面提高教育质量。

(二) 办学体制：管理的制序策略

"结构$_{水平}$"序列的课程设计策略，从内在上要求学校办学制度进行与之相关的配套改革，即在学校权力与责任的关系上，处理好"自主治理"与"宏观调控"之间的关系，坚持"自主"发展中的"集中"原则，最终形成学校办学的自我发展与约束的机制。

学校自主和政府宏观调控是办学体制中的基本矛盾，妥善处理两者之间的矛盾，关键需要在两者之间寻找一个平衡点。学校自主办学是学校教育内部发展的必然要求。学校基本教育教学的制度设计与策略的改革与调整，具有其自身发展的特点和规律性以及深刻的复杂性，就要求学校具有自主调整协调的运行机制。政府宏观调控也是学校承担相应职责的必然要求。学校对于政府宏观调控，基于自身与政府以及二者中介（市场）的关系，一方面要求政府对高校不能统得太多、管得过死，获得办学自主权，继而无法拥有独立处理自己内部事务的权力；另一方面也认识到学校办学自主权不是权力的无限扩大，必须是受制约的有限权力，以保证学校承担的社会职能的充分实现。总之，政府的宏观调控和学校自主办学必须有机结合，必须弄清"宏观管理和学校自主办学"之间的阈限，弄清宏观管理主要管理什么，该管到哪里；学校自主办学主要有哪些自主权，该扩大到哪里为限，这是基本的理论前提。

实践表明，学校办学自主权并非一味地要求学校权力的扩大，自主权能否得以实现和充分运用，能否发挥有效的功能，要求学校自主办学的运行机制来保障,"办学自主权与自主办学的运行机制"二者不是同一概念。处理好学校、市场和政府之间的关系,需要建立学校运行的自我发展和自我约束的机制。"机制"是平衡"学校、市场和政府之间关系"的主要着力点。也就是说,学校、市场或者政府之间能否更好地协调关系以促进教育质量的提高,其重心不在于对三者权力的多少、大小以及强弱做出具体规定,权力的力量性源泉不在权力本身,而在于权力之间的关系结构和组合安排,即运行机制。《中国教育改革和发展纲要》就明确指出:"学校要善于行使自己的权力,承担应负的责任,建立起主动适应经济建设和社会发展需要的自我发展、自我约束的机制。"由此可见,学校办学体制改革的关键在于建立学校内部具有纠偏除弊作用的自我约束机制。从类型上看,主要包括两个方面机制:一是权力系统之间的约束机制,如校长与评议会之间的相互约束、校务委员会与评议会之间的相互约束等。二是学校内部利益集团之间的约束机制,如通过学生会、职代会以及各种学术团体,来影响学校内部的各种管理和决策,从而形成对学校自主权的制约力量。通过建立健全这些约束机制,使这些权力及机制和谐处理各种矛盾关系,最大限度地发挥作用,保证学校沿着正确的轨道运行。从内容范畴上看,主要包括对于学校管理过程中的决策机制、竞争机制、动力机制、经营机制、市场机制和行政管理机制等诸多方面。总的来说,从目前我国学校办学状况来看,无论从理论上还是实践上都比较薄弱,如何形成自主办学的运行机制,应是今后实践的重心。

总之,学校教育制序发展理路是一个全面系统的工程,需要来自核心知识制度的课程策略建设以及与之相关的考试制度、办学制度等一系列配套改革。只有随着全社会各方面系统的利益日趋多元与丰富、需求日趋扩展,学校教育制序发展理路才会真正散发出鲜活的生命力。

后 记

此书即将完成，却发现流淌着的思绪久久不肯停止。越发觉得借着"教育发展到底要依靠什么为着力点"这一问题，想要表达的体悟太多，尤其是近段时间以来，教师群体一次又一次陷入"不知进退"的尴尬境地，这种想法越发强烈了。

一段时间以来，因为教师批评而导致的学生离家出走、轻生事件频频发生；家长大闹学校、教师被停职处分的情况也屡见不鲜。"教师是否可以批评学生"的问题，成为令教育领域管理者以及教师头疼不已的"大事"。早在2009年8月，教育部印发《中小学班主任工作规定》，其中第四章第十六条规定"班主任在日常教育教学管理中，有采取适当方式对学生进行批评教育的权利"。教师拿着教育部的"尚方宝剑"，依然没有改善其"进退两难"的尴尬处境，反而"尴尬之境"有着愈演愈烈之势。近年来的网络新闻、热帖讨论足以证明这一点，教师陷入了"无法承受之重"的"两难"之中。

教师批评权尴尬的背后，真正反映的是教育发展过程中"不知以何为着力点"的困境。首先，教师批评学生，家长为什么反应强烈？应当说，无中生有、刻意闹事的家长毕竟还是少数，大多数家长也知道教师有权批评学生，无非是因为担心自己的孩子被"过度严格管教、影响其身心发展"才会和教师之间产生不同意见和冲突。说白了，教师批评和表扬学生都可以，关键如何能够使学生的身心在"规约与张扬"间和谐发展，这才是问题的本质。其次，教师批评学生，怎样才算"适当"？可以说，道德低下、愿意体罚学生的教师毕竟是少数，大部分教师是出于"教导"的目的来批评学生，但这"适当"的标准不同又会使分歧产生。而问题就在于对这个何为"适当",无论是谁也不能给出一个"放之四海而皆准"的标准。确切地说,教师也无法给出"适当批评"的标准,无法承担起决定"学生身心在'规约与张扬'间和谐发展"的重任。那么,什么才是决定"学生身心在'规约与张扬'间和谐发展"的核心路径呢?由此,矛盾的焦点开始凸显,教育中学生身心能否在"规约与张扬"间和谐发展,主要由什么来决定,以什么为着力点?是依靠"批评是否适当"等教师个体所采取的教育手段来决定,还是另有其他路径?

答案是,教育发展不能依靠"教师个体的理性"判断来进行。教育改革与发展路径是一种包含"公共理性"和"个体理性"的双重理性行为。首先从根本上是一种以制度为基础的"公共理性";其次才是由人的主观努力、意志来承担的"个体理性"。而如果教育发展缺失了其制度公共理性的基础,人为地将处理矛盾关系的主要着力点落到了"个体理性"——教师或学生的个体主观努力上,是把教育发展偏执化为一种个体行为,一种抛弃了可选择的"集体共识和公共理性"的行为,最终将导致个体因为无法做到"全面适度把握"而陷入"无所适从"的境地。

但现在的时代恰恰是一个"个体理性"盛行的时代。个体理性的解放是历史的进步,由"个人"作用于"私人领域"的理性,是以个人的方式来寻求理性中的"普遍性统一"。个体理性在个人领域中发挥作用,只提供个人的选择,并对个人负责。个体理性具体表现为个人通过以"心力、意志力"为特点的理性方式对"矛盾"进行综合判断并采取行动;我们常说的"个体智慧"就是"个体理性"的典型表征。"个体理性"如果在"个人领域"发挥作用就无可厚非,且理所当然,并能承担起为自己的选择负责的义务。但是如若完全依靠"教师个体理性"对"公共领域"负责来培养学生"他我"与"自我"的协调发展,就不免产生偏颇。教育改革与发展不能抛弃以制度为基础的"公共理性",而以"个体理性"为路径与着力点,那是放弃了"西瓜"来让"芝麻"充当"顶梁柱"的失误之举。

而恰恰在教育领域当中,基本把教育发展的核心动力寄托在了教师的"个体理性"的路径上。这不仅仅表现在"批评与表扬"的问题上,还表现在多个方面。

如，教师"一言堂"也不是，学生"全言堂"也不是，教师陷入了让学生"说与不说"的尴尬中。传统教学模式教师一个人讲，有人认为那压抑了学生的积极性；改革传统的教学模式，变为学生"全言堂"，学生成为课堂的主宰，充分发扬学生的"主体性"。但是，问题又接踵而来，如果学生能够自己学习完成，还需要教师干什么？所以也遭到了质疑。最后，有人提出"群言堂"，大家都来说。可是，就算大家都说，难道就是无序地随便说吗？有人说，"教师主导，学生主体"，可是谁能知道到底什么叫主导，什么叫主体？主导应该怎么表现，主体应该怎么做？教师还是处于"混沌"之中。

又如，教师"书本知识"多讲一些也不是，"活动课"多上一些也不是，教师陷入了"不知上什么课"的尴尬中。传统的教学模式由教师控制课堂、垄断教科书、垄断知识，并以知识的合法权威代表身份向学生"灌输知识"，有人认为这种教学模式以学生为客体，压抑了学生主动性的发挥；所以目前教育改革的趋向是增加实践活动课，增强学生在活动中的参与度。可问题同样存在，"多讲知识"仿佛就压抑了学生；"多上活动课"仿佛学生就"散了花"，教师再一次不知道该如何是好。

由此可见，在这种种现象中，教师不知道该如何才能把握"个性张扬与他者规约"之间的"度"，好像"这样也不行，那样也不对"，教师和学生都感到了前所未有的忙乱和无所适从，而且也给教育培养出来的人造成了较为严重的后果：第一，造成了教育培养出来的学生成为一种"夹生"的人。现在课堂上，或者学生不能挨一点批评，完全是一种"小霸王"人格；或者认为规约有理，仍然采用传统教育的方式，养成了一种"懦弱"人格；但更多的是，认为这两种都不对，既要规约又要民主，转而培养了一种"夹生"的人，基础知识不怎么样，主体性也没有发展得如何好。教育培养出"夹生"的人，实际上就是现在教育实践活动"夹生"状态的真实写照。第二，造成了教师在教育中压力不断增大、精神高度紧张。教师在教育教学活动中感到"制度虚无"，"没有一个'可选择'的标准作为依据"，不知道该怎么做。仿佛有规约就没有了民主，有了民主就没有了约束，而现实教育中教师个体无法也不可能在每个人、每件事情、任何时候、任何地方都保持这些手段的平衡。因此，在这种尴尬中，教师只能在临时的教育情境中依靠"个体主观理性、意志"来做出决定，而在每次做出决定时，教师也不知道自己做出的决定是否合理。所以，需要在教育情境中依靠"个体主观判断"来做出应答的高强度应激，以及对这种应答的不确定，就造成了教师压力不断增大，出现现代教师压抑而沉重的生活方式，教师职业因而被认为是一种精神压力大、情绪高度紧张的职业。教育发展如果单纯以教师"个体理性"为核心路径，将在教育实践中产生"扭曲"的严重后果，也往往会造成理性行为的病变，说的正是这个道理。

所以，在后记中加以诸多笔墨，就是想呼吁，加强教育制度"公共理性"建设是教育发展的当务之急。单纯依靠"丢弃了制度'公共理性'的教师'个体理性'"路径，无法承受发展教育的重任，只会引发社会的集体焦虑与茫然。教育发展的"公共理性"路径是制定并实施有效的"教育制度"，来引导整个教育改革向前发展。具体说来，加强教育中所遵循的一系列制度和规则建设，改变过去的"单一和等级化"的制度规则，实现"层次和结构"多样的制度形式，让学生在多元化的教育制度中实现"规约与张扬"的统一，在制度中实现"他我与自我"的融合。教育发展必须回归依靠"制度公共理性"为核心路径、"个体理性"为补充路径的轨道上，才是实现教育培养"全面和谐人格"目标的有效之举。

孙阳春

2019 年 4 月 6 日